姬剑晶◎著

一本书读懂24种
互联网创业模式

Internet Start-up Model

立信会计 出版社
LIXIN ACCOUNTING PUBLISHING HOUSE

图书在版编目（CIP）数据

一本书读懂24种互联网创业模式/姬剑晶著.——上海：立信会计出版社，2017.1
（去梯言）
ISBN 978-7-5429-5284-4

Ⅰ.①一… Ⅱ.①姬… Ⅲ.①互联网络－应用－创业 Ⅳ.①F241.4-39

中国版本图书馆CIP数据核字（2016）第273188号

策划编辑　蔡伟莉
责任编辑　蔡伟莉
封面设计　久品轩

一本书读懂24种互联网创业模式
YIBENSHU DUDONG 24ZHONG HULIANWANG CHUANGYE MOSHI

出版发行	立信会计出版社		
地　　址	上海市中山西路2230号	邮政编码	200235
电　　话	（021）64411389	传　　真	（021）64411325
网　　址	www.lixinaph.com	电子邮箱	lxaph@sh163.net
网上书店	www.shlx.net	电　　话	（021）64411071
经　　销	各地新华书店		

印　　刷	固安县保利达印务有限公司		
开　　本	720毫米×1000毫米	1/16	
印　　张	16.25	插　　页	1
字　　数	225千字		
版　　次	2017年1月第1版		
印　　次	2018年9月第5次		
书　　号	ISBN 978-7-5429-5284-4/F		
定　　价	39.80元		

如有印订差错，请与本社联系调换

▲ 作者姬剑晶，超级演说家，轩辕国际产业集团董事长

▲ 作者与阿里巴巴董事局主席马云

▲ 作者与企业家柳传志

▲ 作者与万达集团董事长王健林

▲ 作者接受新浪媒体采访

▲ 作者接受世界营销大师汤姆·霍普金斯颁奖

▲ 作者接受"营销之神"亚伯拉罕赠送的领带

▲ 作者参加2013年超级演说家大赛

▲ 作者与江苏卫视主持人孟非

▲ 作者与传媒企业家杨澜

▲ 作者与美国谈判大师罗杰·道森

▲ 作者接受乔·吉拉德颁奖

▲ 作者与永和豆浆董事长林炳生

▲ 作者在华为法国公司演讲

▲ 作者在超级演说家大赛舞台上

▲ 作者与搜狐CEO张朝阳

前 言

当Internet变成internet，我们来谈谈互联网创业模式

可能你已经习惯了Internet的写法，但你是否知道Internet即将成为历史，由internet取而代之？

2016年4月，美联社首先宣布"Internet"将不再是专属名词，未来将在各大新闻报道中使用小写的"internet"；6月1日，《纽约时报》也宣布正式停止使用互联网的专属名词——大写的"Internet"，在印刷版和网络版上的报道中均会使用小写的"internet"。

看起来只是首字母从大I变成小i，但是其中却蕴含了重大意义：互联网在全世界已经成为一种普遍存在，它和常见的水、电、天然气已经没有什么差别，都是我们生活的必需品之一。internet已经在事实上关联到我们生活的每一个部分：我们的工作、我们的娱乐、我们的教育、我们的居家生活、我们的理财……这也解释了为什么近两年政府会提出"互联网+"战略，以及为什么越来越多的人会选择互联网创业。

有一个问题是每一个互联网创业者都必须面对的，也是互联网创业与传统行业最迥异的，那就是创业模式的选择。为什么我们强调互联网创业一定要找准适合自己的创业模式呢？

首先，在互联网中商业逻辑已经发生了根本变化，这种改变主要体现在三个方面：一是企业可以不通过销售渠道直接向用户销售产品；二是企业可以不通过信息中介直接向用户传播信息，用户也可以直接向企业反馈信息；三是用户之间不再是相互隔绝的，他们之间可以直接传播信息。可以说，我们所熟悉的传统的创业模式与互联网所需要的创业模式，已经是两个完全不同的概念，每一个渴望在互联网创业的人都需要更新自己的观念。

其次，商业模式为王，互联网创业模式不仅仅是战略，更是战术。互联网创业通常包括项目立项、团队搭建、商业计划、融资、产品研发、运营、营销、再融资、资本事件等环节，如果全靠个人摸索，创业难度可想而知。于是有的人钱"烧"完了，事儿没干成；有的人一拍脑袋觉得有了非常棒的idea，最后发现产品没需求；有的人筹划时间过长，错过好时机；有的人盲目照搬大公司经验，以卵击石等。而优秀的、合适的互联网创业模式至少能帮助我们解决三个问题：第一个问题是我的产品满足什么需求；第二个问题是我怎么去获得收入，我的收入模式是什么；第三个问题是我怎样实现盈利，怎样使公司健康有序地发展，使创业者本身真正地挣到钱。

最后，互联网创业模式中还涵盖了社交网络病毒传播、口碑营销、互联网思维等创业所需的重要实现手段，它将极大地提高你的创业成功率。

因此，在互联网创业时，借鉴成功的创业模式尤为重要，互联网创业模式往往是在实践中总结和探索出来的，是别人经历失败和经验教训总结出来的，它能帮你规避很多无谓的损耗，提高成功的概率。甚至可以说，很多时候找对了适合自己的互联网创业模式，你就成功了一半！

有些人可能会担心，在互联网巨头林立的今天，留给创业者的生存机会已经太少，这种忧虑其实是没有必要的，互联网的蓬勃发展带给创业者的机会只会更多。在《一本书读懂24种互联网创业模式》中，我们通过对互联网行业现状及未来发展趋势的深入分析，结合成功案例，给出了创业者能够迅速布局的多种创业思路：1.在非常成熟的领域中，做巨头生命线之外的业务；2.做巨头无暇顾及的细分领域业务；3.做巨头无法深耕的、需要线下资源支持的业务；4.成为巨头产业生态链上的一环，轻松分享红利。书中的每一条思路都有着无限的想象空间，每一种创业模式都可以根据你的资源和兴趣点快速裂变。一句话，只要你愿意沉下心来创业，互联网仍旧大有可为！

让我们热烈拥抱"创时代"的到来，抓住互联网创业的重大机遇！
Goodbye, Internet. Hello, internet!

目 录

第一章 O2O本地消费创业模式

O2O到底是什么 / 001

找对方法，你家门口就有钱赚 / 003

被疯抢的万亿级市场 / 006

美餐网：小半径O2O服务的先行者 / 009

第二章 垂直社交创业模式

在社交巨头的领域内"圈地" / 015

垂直社交网站如何寻找并留住用户 / 017

垂直社交的盈利模式盘点 / 020

母婴网：巨大用户容量的大市场 / 022

印度婚恋网：国外垂直社交网的生意经 / 024

第三章 微信、微博创业模式

PC寒冬，微信公众号帮你拥有更多 / 027

用微信，你可以自助营销 / 029

微博：店铺品牌推广的优良平台 / 035
四大策略，轻松做好店铺微信、微博营销 / 037
水果哥：大学生微信创业月入4万 / 039

第四章　淘宝创业模式

做好8件事开一家没有店铺的店 / 041
创业初期如何设计页面提升流量 / 043
淘宝新店的宣传与推广 / 046
与买家进行有效沟通 / 048
七格格：把淘宝品牌做成时尚品牌 / 049

第五章　自产自销模式

口碑时代，产品质量为王 / 054
给你的产品赋予一点个性 / 057
快速推出产品，用更新实现完美 / 060
圈子是离你最近的销售渠道 / 062
利用社群工具建立良好互动 / 064
开心网：病毒式营销带你脱颖而出 / 066

第六章　只销不产与只产不销创业模式

众包：让用户制造产品 / 069
互联网分销让全民皆商 / 071
落地微商的互联网模式 / 072
来伊份：外包让产品来迎合顾客 / 073

第七章　互联网智能化创业模式

创客经济：我的事业我来创 / 075

穿戴设备抢占创业先机 / 076

车联网：下一个风口 / 078

智能化生活：当今世界最前沿十大可穿戴设备 / 079

第八章　移动APP创业模式

APP成就店铺的"二次创业" / 083

APP的设计要紧抓受众 / 085

店铺APP营销四大模式与策略 / 088

服务类APP，移动时代的"懒人"福音 / 092

西门子时尚厨房：用户凭什么用你的APP / 096

第九章　跨界创业模式

创业最大的机遇来源于跨界融合 / 099

跨界：让"互联网+"上一切 / 102

跨界创业要考验你的"眼力" / 107

顺和酒行：从白酒到健身会馆的跨界合作 / 108

第十章　在线教育模式

在线教育分割传统教育大蛋糕 / 111

在线教育四大盈利模式 / 112

在线教育营销的四大利器 / 114

新东方、好未来：互联网时代的教育直播 / 116

第十一章　"互联网+"生鲜创业模式

刚刚开始的生鲜电商之战 / 119

"互联网+"生鲜创业，你准备好了吗 / 120

国外互联网如何卖生鲜 / 123

褚橙：一个励志的橙子 / 126

第十二章　互联网广告创业模式

展示广告：正走向更广阔的未来 / 131
广告联盟：白手起家"英雄联盟" / 132
软文经济：移动互联网时代的新营销 / 133
海底捞："变态服务"打动人心 / 135

第十三章　互联网旅游创业模式

传统旅游业VS互联网旅游 / 137
四种在线旅游创业模式 / 138
在线旅游初创公司怎么做 / 139
Airbnb：人性化的旅游服务 / 141

第十四章　餐馆"互联网+"二次创业模式

四个步骤在微信上开餐馆 / 145
餐馆O2O如何才能实现真正闭环 / 147
餐馆二维码营销六大实施步骤 / 149
餐馆促销的手段与技巧 / 151
先人一步打造外卖模式 / 154
眉州东坡：餐饮集团的完美O2O实践 / 158

第十五章　在线交易平台

网购，平台为你保驾护航 / 161
平台要赚钱，设计是关键 / 162
猪八戒网：非实物交易的平台 / 164

第十六章　限制免费模式

免费是商业模式也是营销手段 / 167

互联网付费时代即将到来 / 168
腾讯QQ：免费+付费的"小企鹅" / 170

第十七章　核心功能免费创业模式

免费模式为什么能赚到钱 / 173
免费为王的游戏规则 / 174
你一定要知道的14种免费模式 / 175
小米手机：硬件不赚钱，服务赚钱 / 177

第十八章　众筹创业模式

众筹：让用户投资 / 181
架设创业者与投资者的鹊桥 / 183
创业者这样做好众筹 / 185
国外最成功的5个众筹项目 / 186

第十九章　流量变现创业模式

互联网时代，有流量才有价值 / 189
敢于为流量支付成本 / 191
创业者提升流量的十种方法 / 193
hao123浏览器：这样靠流量赚钱 / 195

第二十章　返利创业模式

返利模式，到底能走多远 / 197
海淘返利网跨境新模式 / 199
返利网的合作模式与优惠形式 / 202
返利网：从2 000万到1亿用户 / 203

第二十一章　粉丝经济创业模式

粉丝经济的成功 / 207

玩不转粉丝经济怎么创业 / 209

互动才能了解用户需求 / 211

小米论坛：涨粉丝的秘诀 / 212

第二十二章　用户数据深挖创业模式

从数据中掘金的"垃圾达人" / 215

卖掉自己的大数据 / 218

帮人怀孕的手机软件 / 220

小米的崛起：深挖用户成就卓越 / 222

第二十三章　移动支付创业模式

当手机成为"支付利器" / 225

如何从移动支付市场掘金 / 229

移动支付创业的趋势 / 230

支付宝：支付的核心是信任 / 231

第二十四章　互联网微金融创业模式

互联网金融的落地 / 237

互联网金融的创业方向 / 238

当前互联网金融创业的7个切入点 / 240

掘金微金融：互联网时代的弄潮儿 / 241

第一章　O2O本地消费创业模式

↗ O2O到底是什么

若说早在前几年，O2O还只是电子商务里一个连概念都不太明确的新生术语，到了2016年，它却早已成为各大电商平台中最火爆、最熟悉的话题。几乎所有人都开始谈论O2O，甚至连一些从未接触过电子商务的传统企业老板和个人创业者，都开始逢人必说O2O，甚至四处挖掘O2O运营人才。好像只要他们从嘴里蹦出了O，2，O三个字，只要运营岗位的人一到位，再傍上几个大的O2O平台，发几个微博，拉拢一众粉丝，企业便能立即起死回生，一切问题都可迎刃而解。

O2O是否真有这么神奇，在此先不讨论。问题的关键是，当我们立志要闯入O2O的世界里大干一番时，首先必须搞清楚，作为一种营销模式，O2O究竟能为我们解决什么问题？相较于以往的C2C、B2C等电子商务营销模式而言，它又是否具备不可替代的优势？比起以往电子商务拼流量，玩数据的招数，O2O又会带来哪些营销奇招？过了2016年，O2O的玩法又与从前有何不同？

要想解决以上种种问题，我们可以先从一个通俗易懂的问句开始：O2O，这到底是个啥？

在百度百科中，O2O的释义十分简单易懂，即英文Online To Offline的缩写，中文可翻译为从线上到线下。也有人解释为将线下商务的机会与互联网结合在一起，让互联网成为线下交易的前沿阵地。

这句话究竟什么意思？别着急，想要读懂O2O，还得从它的发展历史慢慢回顾。

在移动互联网飞速发展的今天，C2C、B2C的余温尚未完全消散，O2O又犹如一匹疾驰黑马闯入人们的视线。电子商务闪电般的发展速度，令许多新人甚至以为O2O是近年才新诞生的营销模式。其实不然，早在2005年，当论坛还只是用来"汇集兴趣""争论"，甚至"发泄"不满的地方时，有一个叫篱笆网的网站，就已将O2O的雏形悄悄呈现到了人们眼前。

起初，篱笆网上出现了一个卖木门的商家，他通过回答网友问题，和大家建立了互动，然后让人发起团购。有人传说，这个商家通过这种方式，每个月的流水曾高达30万，毛利也能达到每月10万。不过，这个传说没多久就从论坛上消失了，因为此商家在服务与公关危机处理上出现了重大问题，他建立的品牌也很快陨落了。

然而，第一个吃螃蟹的人虽然英勇牺牲，但后来人所采用的团购模式，却大都从这种营销方式发展而来。如今，仍有许多业内人士并不认为团购是一种完整的O2O营销模式：一来，因为团购的商家大多缺乏属于自己的独立平台，因此它们并不能亲自收集客户的一手数据；再者，由于不少团购网站为了吸引更多流量，以便筹集风投资金，从而过多压榨商户的利润，导致整个团购模式陷入亏本的死循环，以至于客户购买团购券之后，得到了商家同样打折的服务，而顾客得到的线下服务，是决定O2O生死的核心部分。

但我们不得不承认，从字面意思来看，团购的确符合"从线上到线下"的营销模式，无论它有多少令人诟病的缺点，都丝毫不妨碍它成为"广义O2O"的一种。并且，即便到了如今，O2O早已经历了数个阶段的成熟演化，各大电商平台上也仍有相当多数量的中小卖家，在使用类似的营销模式为自己解决库存与资金链的问题。

不过，由于"线上和线下"的涵盖太广，如果只看O2O的字义，除了数字类消费品，比如：电子书有偿下载、手机充值卡之类的无须物流配送产品或服务，几乎所有电子商务都是线上到线下的，这和B2C又有什么区别？

事实上，与许多创业新人想的不同，在实际运营操作中，O2O与C2C、B2C并无水火不容的界限，许多时候，它们甚至可以根据实际情况相互转化，相互配合，从而达到快销的最佳效果，许多在淘宝、微信上设店的商家，同时也为同一批客户做着线下服务，这是十分正常的现象。

↗ 找对方法，你家门口就有钱赚

本地生活服务是距离消费者最近的行业，也是O2O创业的重点。随着互联网的普及、消费观念的升级，互联网变得越来越"生活化"，从餐饮、娱乐、家政到社区服务等，本地化服务越来越多。那么，创业者如何把握本地化市场的需求进而找到适合自己的创业机会呢？

众所周知，本地化服务的精髓在于客人线上下单，享受最便捷的线下服务，围绕着吃住行娱的本地市场都是本地消费服务业。对客户来说，在附近区域的消费者网上下单后，附近的商家直接按照订单配送就可以了，这种轻资产的运作模式可以有效降低资金投入过高的风险。我们可以毫不夸张地说，这种本地化服务市场正面临着一次井喷，现在正是创业的最好时机。

首先,线上线下结合已经成为无法阻挡的大趋势,这一点从淘宝的演化史就可以看得很清楚,消费者越来越习惯用互联网来帮助决策与消费。

第二,智能手机的兴起和普及,使得用户通过移动端消费成为可能。

第三,本地服务业的推广费用相对低廉,推广方式也更灵活,对于一般的创业者来说,可行性更高。

图1　小六美鲜水果生鲜订购页面

在这一创业领域，我们可以找到不少成功的先行者。下面我们要讲的这个案例是一个赚钱赚到让人眼红的水果摊。生活中卖水果的摊位随处可见，但是下面这家水果摊却通过移动互联网打通了线上线下，一举创业成功。

这家水果摊叫小六水果（如图1所示），走的是微营销的路子，最初是微博营销，后来还开通了微信营销。它没有实体店，只需要租一个租金相对低廉的仓库周转货品，这样可以省下不少店面的租金，降低经营成本，但这并不是小六水果掘金成功的关键。那么小六水果最具竞争力的经营策略是什么呢？小六水果如何能够做到在公司只有3个人的情况下经过2年的经营，库存为0，2014年销售额达到8 000万呢？

小六水果从接到订单到订单配送有一套完整的操作流程，而且和常见的先进货后卖货不同，小六水果是先接受订单再进货，之后再发货，这就能够保证每一批进货都能很快出手，从源头上解决了库存和积货的问题。但这并不是小六水果最精明之处。要知道如果没有订单，那么就不会有之后的进货、发货、送货的事了，所以从最根本上讲，小六水果的成功之处在于他们能够接到订单，而促使客户下订单的最重要的原因又是什么呢？是小六的产品定位。

和普通的水果摊不同，小六水果不仅水果种类齐全，而且最重要的是他们只卖顶级水果，比如阿克苏苹果、吐鲁番葡萄等，这些顶级水果卖得不仅比市场价要低，而且还送货上门，但是要求200元起送。其实很多客人很难在单一品类上买到200元，不过只要多搭配几种水果就可以了。小六的产品结构就是，由各类顶级水果搭配一部分时令水果。这种200元的客单件不仅能保证不错的销售业绩，还能组合销售，带动各个品类水果的销售。

如此一来，顾客在小六水果不仅能够享受顶级的水果，还能享受送货上门的服务，同样的商品价格又比实体店优惠，客户当然会选择小六水果了！

在这里，我们需要提醒有志于创业的读者，O2O本地消费创业同样存在着风险，这个领域可能进入门槛相对容易，但失败率却也非常高。大多数创业者都败在了对O2O本地消费创业模式的曲解上，创业者们必须认清以下几点。

新的创业平台，我们需要全新的创业路径、全新的玩法。本地生活相关的服务不是一个新鲜的行业，然而这两年的做法与过往已经有了很大的不同：一方面，新的平台正在不断涌现，比如微信及公众号，大力推广线下的服务及闭环；另一方面，移动互联网大环境也在不断变化，实时、交互、位置都已经细化到人。

口碑的力量，服务质量的绝对保证。本地生活服务是互联网、消费、现代服务行业的结合，有多少创业者能真正意识到这一点？本地生活消费创业中，对于服务质量的要求更高、更严，因为快速传播的互联网让口碑成为一种真正的力量，口碑可以成就你，也可以毁掉你。

互联网本地消费创业的路径，正在被不断细分。与从前相比，新一波的本地生活服务公司更垂直、更细分，在本地生活的家政、家电维修、家居装修、美容美发等领域，创业者希望面面俱到往往不讨好，创业之初在一个点上深挖可能成功率更高。

时至今日，BAT巨头们已将战线延伸到线下，正纷纷筹谋O2O领域的服务和布局，顺势抢占一线大城市市场，这种趋势正说明了本地化消费创业模式的巨大成功。渴望创业的读者也不必过于担心，因为在二三线及中小城市创业会更加灵活和具有爆发潜力。

↗ 被疯抢的万亿级市场

自打2009年，美国的GROUPON团购网迅猛发展以来，国内的网络团购也开始进入爆发式增长。O2O也自那时起，在更加广泛的商业领域里大展拳脚。KTV、餐厅、理发店、健身房等行业，因其行业特性，暂时无法将服务送到我们面前，因此，在传统互联网经济开始发展的时候，它们错过了第一波"网上淘金潮"。可到了O2O的时代，消费者在线筛选服务，并支付后，再去线下享受服务的商业模式，使得这些服务行业也能在线上店铺占有一席之地。

线上筛选，线下体验，是O2O的典型模式。广泛撒网，重点捕获，再加上线下门店内良好的消费体验，是小型商家节约成本，踏上O2O之路的首选方案。如今，O2O早已成为众人瞩目的"藏金矿"，内里蕴藏无限商机，微信互动等手段，不过只是金矿一角。对于一些规模稍大的商家而言，如何探索O2O模式，打通线上与线下，提升消费者的忠诚度，使之成为消费闭环，就是一件略显复杂的事了。

2014年7月8日，第十六届广州建博会召开。这次建材行业的展会，祭出了一个前所未有的"法宝"——建材家居O2O。既"建博会"与"家居热线"联合起来，利用双方的优势，实现从线上到线下的无缝对接。

"家居热线"是一个有着上百万经销商数据的家居平台，而"广州建博会"，则是一个有着"亚洲建材第一展"的线下展会平台。在线上，无论是否有参展，生产商们都可以通过家居热线的平台，展示自己的厂家实力，而经销商们则可以通过在线上预约，直接到厂参观。

这可谓是一次B2B向O2O跃进的试水，无论成败如何，建材行业渴望在O2O领域圈人圈钱的心，早已按捺不住，破冰前行。无独有偶，早在2013年7月，深圳也同样举行了一次类似的展会，只不过展会主角变成了服装行业。

这一次展会，试图利用O2O商业模式，解决服装行业传统商家高库存、难上线的问题。其中，"新店网"就向大家介绍了一套网上导购系统。这套系统可以用笔记本、手机、iPAD等移动终端，向客户展示不同款式的服装，包括库存件、打折件、当季件及下季新品等，相当于一个被无限扩大的、24小时不打烊的虚拟店面。而线下的服装门店，则与传统相反，成为了用户的体验场所及仓储中心。

这套导购系统，可以利用终端收集客户数据，并在进行数据对比后，充分分析客户的消费习惯、消费水平及个人偏好等内容，精准找到客户需求，以便商家为客户提供有针对性的服务，从而起到降低库存的作用。

事实上，这套O2O导购平台除了能够精准收集客户数据外，还能连接线上及线下的商家，让两方共享资源，寻求合作，将线上品牌引入到线下实体店，帮助线上商家落地，将线上客流引入线下，从而达到双赢的效果。

但随着网络经济的突飞猛进，如"新店网"一般的网络O2O平台不断兴起，这就好比新一轮的网络圈地，成功与否暂且不谈，先将位置牢牢占住，静待时机一到，便开始疯狂地"圈人""圈钱"。

而自从互联网经济发展以来，投身电商大军，也几乎成为创业者白手起家的第一选择。对于处在O2O另一端的商家来说，这种结果正是他们最想看到的。众人拾柴火焰高，成功培养的用户习惯，会让消费者极度依赖这种消费模式。不过，O2O的蛋糕虽大，分食的人群也不少。如果新加入的创业者没有独到的视角，考虑周到的营销方案，想在O2O领域创业成功，也绝非易事。

在这方面，80后、90后的年轻一代，因为接受新生事物的能力更强，也更容易在O2O的"捞钱盛宴"中博得头筹。2014年7月，创业成功案例里，80后的烧烤店主李烨名列其中。他成功利用微信、淘宝软件，结合O2O营销方式，成为年轻创业者中的佼佼者。

就在同行们还在为商区门店高昂的转让费头疼时，李烨巧妙地避开了这个雷区，将烧烤店所有能卖的都搬到网上，使网店成为旗舰店，门店却成了体验店。如此一来，烧烤门店就不必开在人流密集的商业圈中心，也避免了高额的房租及门店转让费。

李烨的烧烤网店里，不但上架了海鲜、肉类、水产、蔬菜等百余个品种的半成品食材，还有烧烤用具，一次性餐具，以及烧烤景点的门票等物品，建立了户外烧烤一条龙服务。为了令客户在进入网店后有更好的心理感受，李烨还将每批食材的质检报告和进口报关单都拍照放在了店中。

就这样，李烨的O2O烧烤店，因为良好的信誉及合理减低成本，年利润达到了一百万之多。

事实上，到了今天，移动互联网的O2O营销模式因其有着快捷、便利的服务优势，不仅深受商家的追捧，对于本地普通消费者而言，也有不小的吸引力。仔细想想，我们的生活，似乎早已被O2O模式逐渐侵入，它那极具诱惑力的消费方式，一旦沾染，便令人欲罢不能。

美餐网：小半径O2O服务的先行者

许多白领都有这样的体会，忙碌的早晨结束了，而工作仍没有结束。或者工作告一段落了，自己也累得不想动弹，恨不得利用午休的每一分每一秒好好休息。可是，公司没有食堂，吃饭要走出好远。冬天寒风凛冽，夏天烈日炎炎，走到饭店可能已经没有了食欲，何况吃完还要走回来。这种情况下怎么办？最简单的办法就是叫外卖。于是办公室里堆积了五花八门东西南北的外卖单，这些外卖单无非是在经常吃的店里取回来的，早就吃腻了。想换换口味怎么办？

2010年初，以赵骁为首的创业团队正在开发一个项目，几个人在办公室里没日没夜地忙，连饭都没时间出去吃。于是大家收集了一堆外卖餐单，可是这些纸质的外卖单既不好保存又不方便使用。于是他们将这些外卖信息整理排版后录入公司内部系统，有些大家吃过觉得满意的还特意拍下图片作为信息的一部分上传。于是，大家登录系统就可以查看外卖信息，新来的同事甚至可以根据老员工的评价挑选外卖。这个系统极大地提高了大家"吃饭"的热情，没过多久，大家就对它产生了深深的依赖，这个系统就是美餐网的雏形。于是，在大家投票决定再创业的项目时，除了发起人赵骁，所有的票都投给了美餐网，赵骁之所以没投，是怕左右了大家的决定。得到这个结果，赵骁喜出望外。没错，还有什么比打造一个连自己都离不开的项目更有趣更有成就感呢？

笨办法，简单事。

图2　美餐网订餐首页

美餐美餐，一目了然，就是教人吃饭的网站（如图2所示）。其实，订餐网站赵骁并不是国内首创。而在赵骁之前，国内确实没有叫得上名号的前辈。归根结底，是资源不行。肯德基有自己的外卖平台，这个平台建立在自身的品牌、产品和服务之上，因此很容易被顾客接受。有些饭店也有外卖服务，一个电话打来，外卖上门。可是，订餐网站就不同了。赵骁分析过，其他订餐网站只提供网上已有的和与自己合作的餐厅数据。而2010

年前后，除了团购，懂得将外卖信息放在网上供顾客选择的餐厅简直凤毛麟角。赵骁认定了大街小巷随处可见的餐厅就是他们的契机，餐厅越多，他们的潜力就越大。目的明确，那就开动吧。这个只有六个人的团队兵分几路，走街串巷，开始收集餐厅信息。

的确，"走街串巷"是个笨办法，"收集信息"也不是什么困难的事情。而在赵骁的团队看来，这个笨办法、这件简单事却是整个网站构建过程中最基础、最有含金量的一步。成员通过"地毯式扫街"，接触了三万家餐厅，最后确定了其中8 000多家有意向发展外卖业务。他们利用GPS为这8 000多家餐厅记录具体的位置，再逐一登记每家餐厅的菜单。在这个阶段，团队总计花费三个月的时间。就是这三个月，奠定了美餐网成功的基石。

改变命运的决定。

在这个过程中，尽管有很多餐厅希望发展外卖业务，但并不是每一家都愿意与刚刚起步的美餐网合作。赵骁的团队又作出一个重要的决定，不做商业性的订餐网，而是将信息作为产品，利用地图和定位功能为用户展示周围的外卖餐厅，提供给用户小半径范围内的外卖信息选择。不得不说，这个决定改写了美餐网的命运，将美餐网与其他外卖网站区别开来。过了一段时间，美餐网才拿着手里的订单量与一开始没有达成合作意向的餐厅沟通。订单量意味着议价能力，所以这时的合作比初期顺利多了。

前期的铺垫工作完成之后，美餐网面临着吸引用户、处理订单和管理线下资源的新难题。

赵骁毕业于中国传媒大学，创业团队的办公室就设在中国传媒大学附近。这里也就成了美餐网的起点。以中国传媒大学为中心，赵骁针对周边进行了一次小规模的宣传，培养了第一批种子用户。据说，最早注册的100名用户至今仍在使用美餐网订餐。

美餐网订餐十分便捷，用户无须注册就可以在线订餐。当然注册也有注册的好处，拥有账户之后，系统会自动记录订单，下次订餐时如果不想尝试新的餐厅或菜单，可以直接在过去的订单里再次下单。用户在线订餐之后，美餐网将通过三个步骤处理订单：首先，通过后台短信告知餐厅产生的订单内容。对于没有与美餐网达成合作协议的餐厅将由专门的客服电话通知。后台短信通知和电话通知，孰优孰劣？当然是后台短信效率更高了。后台短信可清楚地将订单内容告知餐厅，方便餐厅随时查看信息，既避免了用餐高峰时段餐厅电话占线的情况出现，也避免了餐厅接电话的工作人员手忙脚乱记错记漏订单信息的情况，既节省时间，也节省人力物力。这个理念与国外最大的订餐网站GrubHu不谋而合，早期GrubHu就向每家合作的餐厅赠送一台传真机，利用传真向餐厅提交订单。

美餐网与商户、用户究竟建立了什么样的关系呢？

1. 用户对美餐网的依赖。线上和后台都是技术可以解决的问题。决定美餐网能成功的真正因素是线下的资源。在美餐网，用户的选择丰富多样，商家能提供的服务也一目了然。快捷订餐功能、搜索餐品餐厅功能、多个地址切换功能，还有即将上线的评价功能，完全可以让用户离开美餐网就患选择困难症。

2. 美餐网用户对商户的依赖。从美餐网的运营模式来看，小半径服务范围的优势体现在用户对商家的依赖性上。用户与商家一旦形成稳定的消费关系，在固定的区域内这段关系将会十分可靠。

3. 商户对美餐网的依赖。普通商户可以借助美餐网启动自己的线上订餐业务，而已有自己订餐平台的商户，美餐网可以帮助他们完成美餐网与自有平台之间的对接，拓展线上订餐业务。对于大多数中小型餐厅来说，做美食是他们的强项，而网络营销则是他们望洋兴叹的领域了。

没有全面实现在线支付，大概是美餐网的短板之一。

美餐网向餐厅提交订单之后，如果餐厅没有在规定的时间内作出回应，客服人员就会通过各种方式"催餐"，跟踪餐厅的备餐、送餐进度，保证用户获得最佳的订餐体验。外卖送达用户手中，用户可以直接将餐费交给外卖员，但是目前只有少部分餐厅可以在预订时选择在线支付。

美餐网成立四年来，重点一直放在优化后台管理系统和完善用户体验上。正如赵骁所说，他们自己每天都在使用美餐网订餐，所有用户面临的问题他们也在面临，因此他们能够第一时间优化后台，光是网站改版就改了好几次。可是在订餐的三个环节中，唯独支付这一环似乎没有多大起色。在O2O营销中，支付是极其重要的一部分，对于交易双方来说，第三方支付平台起保障的作用，交易中出现纠纷，可由第三方支付协助资金的处理。再者，对于大部分消费者来说，完成支付意味着消费的理性思考过程结束，例如团购，购买团购产品支付完成之后，消费者往往不再犹豫是否退款，而是等待前往消费的时机。完成付款，几乎可以认定消费完成，尽管产品还在商家手里。因此，团购网站无一例外要求"线上支付，线下消费"。而美餐网至今仍然只有少数餐厅可以选择在线支付，其余均要求现金支付。

这是为什么呢？是技术达不到吗？必然不是。

目前，和美餐网签署合作协议的商家会给美餐网一部分折扣优惠，美餐网将这部分优惠转赠给用户，例如鼓励用户在线支付享受折扣，自己还是依靠10%~20%的佣金盈利。但问题也随之而来，美餐网会不会优先选择向用户推送合作商户呢？这就是一个对商户有利还是对用户有利的问题。而美餐网最终选择了先与用户建立最紧密的关系，正因如此，美餐网的在线支付只开通了一小部分。他们将这称为"战略"。其实原因也很简单，赵骁和同伴本身就是站在用户的角度上开发美餐网，而他们是美餐网第一批也是最忠诚的用户。

简单来说，美餐网能在O2O领域中异军突起，归根结底是思路上的成功。从一开始"不以商业为驱动"到"提供信息为商家免费创造价值"，牢牢掌握线下资源，奠定了美餐网成功的基础。

没有普及在线支付固然是一个遗憾，经常叫外卖的除了写字楼白领还有一部分"宅男宅女"，现金不够是家常便饭。对于年轻的美餐网来说，这样的遗憾还有很多，而他们也在不断地弥补，例如，即将上线的评价功能。令很多互联网公司不能理解的是,美餐网成立至今没有通过广告盈利,改版一次比一次清新简洁。也许赵骁和他的伙伴们打算将美餐网做成一个纯粹的生活和美食网站吧。

美餐网的APP早已上线,它在传达一个信息:从中午的工作电脑到晚上的手机、平板电脑,美食无处不在,随时可享。

第二章　垂直社交创业模式

在社交巨头的领域内"圈地"

社交被称为"互联网之王",在社交领域创业是很多互联网创业者的梦想,连马云都在不断尝试攻进社交圈——支付宝2016年8月的更新版本中,社交就出现在了首页。那么对于普通创业者来说,在强大的微信、微博、QQ之外,是否还有创业机会?如果有机会,机会又在哪里呢?

创业者们先要认清一个事实:移动社交领域的创业机会多,准入门槛低,这固然是优势,但是一项互联网咨询报告也显示,在100家死亡的APP里,社交类占了35%,社交是死亡率最高的类别。因此,如果你的创业目标是广域社交或一些同质化严重的社交工具,那么请三思而后行。面对互联网用户来源越来越分散的事实,创业者应该考虑的是如何满足一部分用户的细致需求,并对垂直人群做差异化尝试,比如学生、职场新鲜人、律师、文艺青年等不同群体。

从形式上，我们可以将移动社交理解为"移动互联网+人+人"，这种连接形式蕴含着巨大的延展空间，具备无限的可能性，即使微信、微博、QQ普及面再广，它们也不可能把如此巨大的空间从各个维度上都覆盖掉。正是由于移动社交形式所具备的可延展性、可挖掘性，垂直移动社交的创业者才可能为他的移动社交产品寻找到未来可带来成功的空间；还有一点，综合网站在发展到一定规模之后，会遇到用户圈子出现交集的瓶颈，也就是说人们在生活中的不同方面出现在同一受众面前的尴尬，造成用户黏度的解散，这也给垂直社交的发展带来了机会。

在创业之前，创业者们应该做一份详尽的计划和评估，下面这些问题是一定要弄清楚的。

第一，假设确定要在垂直社交领域创业，同时也找到了一个群体，这个群体有鲜明的特征，他们的需求非常明确，产品标签突出，那么要查清楚这个群体有多少人、这些人是否能够支撑起你的APP、这些人产生的消费能量是否能够轻松覆盖你的成本？上面一系列问题是要考虑的第一件事。

第二，创业前要考虑用户获取成本，并预估增长速度。如果获取成本过大，而增长速度太慢，钱烧完了，用户量还没成长起来，那么迎接你的就很可能就是失败了。

第三，垂直社交的主题是否已经明确。好的，你还需要再确认一次。一定要有一个聚焦的主题。你的客户群到你的垂直社交产品上来，到底想要做什么事情，想要获得什么？一个成功的APP一定要确保一点：用户访问你的APP时，他们的意向非常明确；当他们的意向出现时，第一时间就想到你的APP。比如知乎，这是一个知识及经验分享的平台，它能做到微信所不能做到的，有自己独特的供给。当你有一些专业问题要寻求帮助时，你不会在朋友圈里提问，而会选择到知乎平台上去搜索或者提问，在那里你能得到更多的共鸣。

最后，你的垂直社交产品是否能够做到在一定程度上沉淀用户关系。

这一点非常重要，因为社交APP的一项重要功能就是帮助用户建立社交关系，并且让这种社交关系留在自己的平台上。

垂直社交网站如何寻找并留住用户

前文说过，垂直社交网站的发展模式，是通过一个群体的共同特点建立其特有的社交网站，文艺爱好、车友驴友，都是垂直网站的发展根基。而平台收费、有效推荐、精准广告，都是垂直网站的生存方式。

而我们知道社交的关键功用还是要解决人的需求，无论采用的模式是电脑还是移动手机，社交网站要存活下去，其根本还是在于解决如何找到人的问题。比如我们都非常熟悉的新浪微博，它存在的目的是满足绝大多数用户的交流需求，创业者做垂直社交的关键也是如此——把握住人，解决用户需求，做好用户管理，只有找到足够多的用户，才能迅速在移动端找到机会。

首先，我们必须指明的是垂直社交比大众社交更难找到用户。这点不难理解，像微博、微信等都是做大众社交，面向的是所有用户群，在推广上可以天马行空，尽可能多地去获取用户即可。但垂直社交的用户拓展却并非如此，我们知道垂直社交大多是基于某一兴趣爱好或者单一需求而生，面向的用户规模仅仅是一类群体，因此垂直社交创业者在寻找用户时，要尽量精确匹配，这样才能降低成本。比如豆瓣网，就是先用熟人做成一个圈子，圈子再汇聚成网络。

豆瓣网创立于2005年（如图3所示），初始成本只有几个朋友凑起来的20万元。但是凭借着经典的读书、电影和音乐应用，迅速汇聚了众多文艺青年。豆瓣网的页面设计简单而不单调。通过读书、电影和音乐应用引起了一个又一个的话题，也引来了成千上万的用户，成就了互联网Web2.0新模式。

其次，创业者应该注意增加用户黏性。这一点至关重要，我们可以用独特而优秀的服务建立用户对品牌的忠诚度，通过增加互动、增强用户创造内容的积极性来帮助用户迅速形成圈子，建立更加稳固的关系链。

图3　坐拥最大电影评分体系的豆瓣网

最后，创业者在做用户挖掘时，要注意寻找合适的推广渠道，比如某一类人的线下活动、兄弟社区的合作推广等。

这些东西说起来可能很简单，但是在实际操作时会有很多问题，我们认为创业者应注意把握以下要点。

第一，内容建设上要专不要全。网站中要有大量的垂直的话题性的内容，有鲜明的内容定位以及互动的框架。主要抓住两个方面：社区的商品属性或话题属性（如婚恋、母婴、进口化妆品等）；二是潜在的用户群体挖掘。比如说化妆品是社区话题属性定位，它决定了社区的人群定位是女人。那么话题属性也适当扩展，延伸到女性的周边，这样一来商业经营也可以相应扩张。

第二，网站产品要快速迭代。在创业初期，很多人都容易忽略的一点。网站产品是公司运营的主体，公司觉得好的产品用户未必觉得满意，因此一定要特别重视用户的反馈，并且及时做出修正！

第三，重视原创和交流，让社区尽快热闹起来。鼓励用户积极发布内容，并引导用户互动参与，这样才能够引来更多的流量及会员。这也是一种从众效应，互联网上大家都愿意到人多、活跃的地方围观或者发表自己的看法，道理很简单，在人气高的地方自己分享个观点会有很多人看到，原创内容或者评论才有价值。一个网站热度高互动好，也更容易把新来的用户给黏住，增加回访率和忠诚度！在这方面有个小建议，如果创业者能够找到一个富有经验的内容管理员，这项工作就会轻松很多，内容管理员会将内容合理地梳理、格式化、模式化、条理化，把优质的内容最清晰的展示给用户，提高网站的信息价值。

第四，突破虚拟空间举办社区活动，打通线上线下。前文说过，垂直社交网站的核心是人与人之间的交往联动，组织线下活动，可以将线上志趣相投的人聚合到一起，促进大家进一步的交流和认识。可以说线下也是线上价值的延续，提升了网友对网站的信任度和亲切感。通过线下活动，能够引入商业部分，例如冠名合作、商务推广等，还可以引入第三方资源进行资源置换等各种合作，推进网站的发展。

第五，用户不仅需要挖掘还需要引导。不要指望用户自己去做我们所希望他们做的事，在最初阶段，要有意识地引导的用户去做。比如说，我们希望引导用户去关注一些好友，那么就可以在新用户注册后推送给他们；比如你的重点在于收藏品交流，那就筛选一些40~60岁的中年男性，通过多种方式推荐，让他们参与到相关圈子进行互动交流。

对于创业者来说，上面的工作具有重大意义，不仅可以吸引用户，其实也是在为下一步的运营盈利做铺垫。有了用户之间的良好互动氛围，有了持续的营销和曝光，当网站用户积累到一定规模时，网站的盈利就可以实现了。

垂直社交的盈利模式盘点

垂直社区的运营盈利,无非就是广告、导购、电商、线下活动等,这就是为什么我们前面强调营造圈子和数据挖掘的工作必不可少,只有做好了相关的数据铺垫和用户积累,才能对用户的需求和特点进行总结归纳,让电商指向有的放矢,也能更好地提高营销的传播力度和转化率。

那么,垂直社交的盈利模式有哪些呢?

第一种,会员付费制。2011年,艾瑞咨询iUserSurvey的一项调研结果显示,社交网站有50%以上的用户曾经为获得会员资格进行消费,特别是在婚恋和商务等垂直社交网站中,会员费已经成为网站收入的重要来源之一。事实也是如此,对现在的中国人来说,为了爱好或者一些可以有既定获益如求职和婚姻之类,经济上的付出以获得相应的服务是完全可以接受的,这使得付费会员制成为一种可能。这类网站典型代表有百合网、猎聘网等。

第二种,广告收入。这是一种必然的情况,任何有人气的地方必然有广告。广告的模式有:在首页及两侧刊登传统的文字图示广告;植入式品牌广告,比如在招聘网站植入企业广告,好处是对用户影响较小,不易引起反感;与品牌商开展互动营销广告,比如校内网的苹果学院,通过将零售店或产品与用户结成好友的方式,展开互动沟通。这种模式也是目前很多垂直网站的主要收入来源。

第三种,游戏联合运营的模式。这种模式略微有点复杂,是校内网最开始采用的,这种模式其实就是在廉价出售流量。首先要确定目标游戏,然后谈商务合作,分成、阶梯、谁出服务器、权责划分等,然后再进行技术对接,这一部分包括运维沟通、服务器安装、版本测试、官网制作、资料填充、客服培训、论坛预热、活动确认、删档测试、正式开服等。

第四种，移动APP应用分成的模式。我们会看到很多垂直社交网站推出了开放平台，提供一定量的API接口，允许其他公司开发的APP让自己网站的用户自由选择使用。这是一种双赢的合作形式，既可以满足取悦自己网站的用户，也能给开发者带来一定的金钱收益，创业者可以考虑采用。

第五种，虚拟增值服务的模式。这种模式就是在原服务的基础上通过消费，实现一些更高端的服务。比如向用户额外收取一部分费用，将其升级为高级别会员，享受更多的服务。这种盈利模式常见于一些婚恋网站。

第六种，间接撬动盈利的模式。这种模式中，网站无法直接获取收入，而是用一些免费的办法来撬动其他服务。举例来说，天涯社区可以用手机来注册，但要花两元钱；用户还有另外一种选择，那就是先注册一个天涯邮箱，然后通过邮箱免费注册。这种情况下，用户无须付费，而网站也能获得潜在的升值。

上面列举了几种常见的垂直网站盈利模式，但事实上，很多垂直社交网的收入模式都是很复杂的，可能是两种甚至多种盈利模式的集合。比如说豆瓣，其收入模式粗略统计有豆瓣电影、电子书出售分成。广告收入有站内品牌广告、品牌小组、品牌联合活动、豆瓣电台插播的小广告、视频网站影片合作推广。内容输出有如影评等优质内容。导购分成有豆瓣东西、豆瓣读书。电商有豆瓣市集等。创业者应根据网站不同的发展路径作出恰当选择。

最后，我们再顺便说一下垂直社交产品的融资理念。创业者首先要明确融资的目的，不要仅仅把融资当成屯钱过冬，融资的节奏也要把握好；不要过分看重钱，很多时候，融资是为了找一个真正的合作伙伴！

母婴网：巨大用户容量的大市场

10年前，一位妈妈选购母婴用品，她会推着购物车走进商场超市。而现在，一位普通的妈妈，她会通过各种渠道转为线上真正的网友，一方面，她去母婴亲子网站获取一些必要的育婴信息，与其他妈妈交流心得，比如太平洋亲子网或育儿网；另一方面，她会从这些网站上选购各种所需的商品，成为忠实的买家。一个令人垂涎的巨大的母婴市场就这样形成了！

现在市场上的母婴网站有很多，大致可以分为四类：第一类是母婴门户网站，比如太平洋亲子网、摇篮网、育儿网等，这些网站关注母婴急需的专业知识和内容，营造出专业的网上学习、交流氛围，得到了很大一部分妈妈用户的青睐；第二类是门户网站的育儿频道，比如搜狐和新浪，搜狐以论坛见长，当然这两家网站也都尝试了母婴电子商务；第三类是以妈妈说（如图4所示）、宝宝树为代表的web2.0社区，这类社区重视用户交流，通过用户创造内容是其典型特点，比较受妈妈们的认可，目前宝宝树已经实现了盈利，其主要盈利模式是广告、定制商品、活动等；第四种是传统品牌厂商或电子商务商城渗入母婴网络，比如好孩子、贝因美、红孩子都是这一类的代表。

综上所述，我们可以再具体地解释一下垂直母婴社区的商机从何而来：庞大的妈妈群体被发帖、交流、宝宝日记、晒照等引导着来到社区，通过换取试用机会、优惠券等被引导到商城，她们带来了巨大的流量，也带来了巨大的消费。可以说，与一般的垂直社区相比，母婴网站有更多的盈利点，比如宝宝树已经尝试了线下的早教中心、社区广告；摇篮网已经尝试了亲子在线教育等。

图4 展示产品广告的妈妈说网站首页

但是国内目前的母婴垂直网站仍存在较大问题，这也是创业者应该努力避免的：首先，是同质化严重，无法提供良好的用户体验，我们随意点开几家主流母婴垂直网站就会发现，从内容到板块的设计并没有太大的区分，网站缺少特色；其次，收入模式单一。很多综合性母婴网站现在仍是以广告为主要盈利模式，这些网站应该思考的是，下一步是否要引入电商模块？是否还要继续发展线下连锁？总之，要在母婴垂直网站领域创业成功，就应该要有所突破，否则就会陷入同质化竞争。

下面我们对创业者更关心的母婴网站的盈利模式做一些盘点。

第一，网络广告。垂直母婴网站可以引入多种广告合作形式，其中包括品牌活动合作、视频广告、游戏广告等；当然，更多地可以通过品牌植入营销、线上线下互动营销等多种手段，建立更成熟的营销服务模式。

第二，自有产品的开发。包括网络虚拟线上产品和线下实体产品：一是在线教育产品，如线上早教课堂，销售的其实就是专业网站多年积累的专业育儿知识和整合的专家资源，包括在线一对一的专家收费服务；二是早教类实体产品，如早教书、早教光盘、益智玩具等。这些盈利模式对于网站的营运来说是非常有益的，一方面可以获得产品增值收入，另一方面真正让用户黏度大大提升。

第三，电子商务。这可能是很多创业者都极其渴望的一项盈利尝试。这里包括两种形式：其一，合作的形式，借助大型母婴购物平台的优势，进一步完善其母婴领域的服务内容，优化一站式服务模式；其二，自运营电子商务和品牌授权经营：一是B2C，二是C2C。运营B2C将面临最大的仓储和配送难题，对于缺少相关运营经验的创业者来说，C2C是前期风险和操作难度相对较低的一个选择。

总之，垂直母婴网站是一个体量巨大的市场，但是要在这个市场上创业成功，成为年轻的后起之秀，必须保持创新，以更好的用户体验、更新的营销手段、更专业的服务来赢得用户！

印度婚恋网：国外垂直社交网的生意经

与国内一样，国外也有五花八门的垂直社交网站，而且其细分程度和受欢迎程度让人瞠目结舌，现在我们就来看看国外的垂直社交网站，学一学成功的生意经。

婚恋约会垂直社区国内也有很多，比如世纪佳缘、百合网等。但是国外的此类网站似乎更新鲜、更有趣。比如有一个网站叫"约会我的宠物"，这个网站主要是为了避免约会后带对方回家却发现她/他不喜欢或对宠物过敏的尴尬,这个网站帮你在约会前查清楚对方是否饲养宠物以及宠物的数量和品种,帮你做约会决策;还有一个网站叫"只限农夫",这个网站是为那些有反都市情结的人准备的,它可以保证你约会到的是一个真真正正的农夫。

当然,这都是比较小众的网站,但是也有做得非常成功的,比如我们这里要重点介绍的印度婚恋网。

与中国情形相似,在20世纪90年代末,印度婚恋网络市场也经历了一段发展热潮,其中最大的一家叫做印度婚恋网。1997年,印度开始允许私人投资进入互联网经济,此时,印度婚恋网的创始人穆鲁加韦尔刚刚来到美国,他先是做了一家综合性的社交网站,两年多后,他发现其中的婚恋频道流量非常可观,于是他将这一部分的业务单独运作。

穆鲁加韦尔耗尽了自己的储蓄进行投资,印度婚恋网的业务也获得了飞快发展,穆鲁加韦尔决定开始对注册会员征收会员费。最初时费用为每年8美元,但现在最基本级别的会员费已经上涨到每季度75美元。印度婚恋网很快在印度十几个主要城市中建立起130家实体店。适婚男女的父母可以到实体店中搜索合适的结婚人选,然后将结果打印出来带走做更多的参考。在2006年,穆鲁加韦尔首次获得了一笔860万美元的风投注资,2008年,风投第二次进行了950万美元的融资。目前其总体的风险投资融资额度超过了2 000万美元,这是一个了不起的成功。

穆鲁加韦尔将大部分投资用于市场推广与营销上,而另外一个投资的重点领域就是网站在技术上的创新。尽管受种姓制度和一些保守观念的影响,在印度婚恋网站的推广总会遇到一些阻力,但是穆鲁加韦尔却不断通过创新,引来了更多的用户。比如,在"搜索"一项上,印度婚恋网最新的功能是提供了脸部识别,这是非常吸引人的,对于用户来说,如果你对某一种长相情有独钟,那么只要上传参照片,通过网站的面部识别程序,会自动生成与关键特征最相似的候选人名单;而在另一项搜索中,只要你提供自己兴趣爱好的关键词,就可以找到与你有共同爱好的相亲对象。

目前该公司在婚恋搜索引擎在市场上的占有率达到了50%以上，注册用户数达到2 000万人，在印度婚恋市场中一家独大，现在这家婚恋网站已经开始了令人羡慕的横向发展，开始在地产、求职以及汽车等领域扩张。

第三章 微信、微博创业模式

↗ PC寒冬,微信公众号帮你拥有更多

微信是腾讯公司研发的一款跨平台的通信工具,支持单人或多人参与传递信息、沟通交流。参与者可通过手机网络发送语音、图片、视频和文字。截至2016年3月,微信已经覆盖中国90%以上的智能手机,月活跃用户达到5.49亿,用户覆盖200多个国家、超过20种语言。此外,各品牌的微信公众账号总数已经超过1 000万个,移动应用对接数量超过85 000个,微信支付用户则达到了4亿左右。

微信创业是移动网络经济时代伴随着微信的火热而兴起的一种网络创业方式。企业用户可以通过注册微信公众号向订阅自己的用户发布信息或推广产品。从目前的情况来看,微信开店的基础是微信支付。店家可以通过公众账号以微信小店的形式售卖商品,实现包括开店、商品上架、货架管理、订单管理、客户关系维护、维权等功能。在微信上开店必须是已通

过微信认证、已接入微信支付的服务账号,才可在服务中心申请开通微信小店功能。

当买家关注了拥有微信小店功能的公众账号之后,就可以看到售卖的货物品类。开通微信小店功能后,商家即使没有任何技术开发能力,也可以开启电商模式。

微信开店上线后,店主无须具备技术能力就可以对商品进行分类、分区陈列,而一些有开发能力的店主,还可通过API接口的方式,自行开发商铺系统,通过相关的接口权限更方便地管理商品数据等内容,从而具备更多功能。因为微信开店还处于起步阶段,所以在这个领域内,还有很大的经营空间。

目前,在微信建站开店,有的商家是免费的,有的收取少量费用,价格从五六百元到几千元不等。

注册微信开网店,需要经过以下一些流程。

1.申请微信公众号

先去微信公众平台申请一个微信公众号(订阅号),提交等待审核,审核时间一般不超过2个工作日。

2.注册一个微订点单系统账号

可以到微订官网注册一个微订账号,这是微店和微信公众号对接的平台,可在里面添加店铺和商品。

3.配置公众号

将审核通过的微信账号在微订系统后台进行"公众号配置"。进入微订系统后台选择"设置",然后点击"公众号配置",选择"自动配置"输入微信公众号登录账号和密码,点击立即配置,即完成微订系统和微信公众平台的对接,后续在微订系统后台新建的店铺和商品将展现在微信中。

4.在微订系统后台新建一个店铺

在后台"店铺中心—店铺管理"中点击新建店铺,填写店铺信息,上传店铺LOGO,保存即可完成店铺的新建。

5.在微订系统后台新建商品

登录后台找到"店铺中心—商品管理"中点击新建商品，填写商品信息并上传商品图片，保存之后你的商品新建就完成了。

6.验证测试

用微信扫描二维码或者搜索公众号查看新建店铺和新建商品，在手机上进行下单测试，一切正常即可完成开店。

需要注意的是，注册微信公众号时，上传的身份证尽量清晰可见，新建商品或者店铺时上传图片尽量小于1M。

个人用户注册微信后，可与周围同样注册的"朋友"形成一种互联，把对方加进自己的朋友圈，也可查看对方朋友圈。个人微信用户可以通过在朋友圈中发布或分享信息，把信息传递给朋友圈中的所有好友。如果某一好友分享了这条信息，那么他的朋友圈中的所有好友也都能看到这条信息，如此传播开来，就像病毒传播一样，因此这种传播方式又被称为病毒式营销。

不要小看这种病毒式营销方式，SeeYourStory女装在黑龙江地区的拓展经理杨泽欣，就在短短的两年时间内，仅凭一部智能手机，一个微信公众号平台，就将SeeYourStory从一个对黑龙江地区而言的新品牌发展成拥有110家店的知名品牌。

我们针对用户的使用情况分析，微信上不管是点击率还是销售转化率都要比传统的互联网应用高出很多，其中所蕴含的商机更是可想而知。

用微信，你可以自助营销

互联网的飞速发展，带来的是自媒体平台的不断发展壮大，它们也逐渐成为很多用户进行创业和营销的工具，而微信是众多营销工具中效果比较显著的一个。互联网在不断发展，微信的功能也在不断完善，而这些逐步完善的功能为创业营销提供了更多手段，发信息、发图片、发语音等手段，特别是"查找附近的人""扫一扫""自定义菜单"等新功能背后都蕴藏着巨大的商业机会。而店铺也可以利用微信进行创业，以此来轻松撬动店铺财源。

1.查找附近的人，营销就是要精准直击

2011年8月3日，微信正式推出"查找附近的人"的LBS社交功能，通过这个功能，同样开启本功能的人可以被自己所在的地理位置附近找到。在这些附近的微信用户中，除了显示用户姓名等基本信息外，还会显示用户签名档的内容。此项功能的推出让微信用户数量有了第一次大爆发。而此项功能中的签名档成为投放免费广告的地方。在这个地方投放广告，可以达到的效果是即使没有达成协议，也能增加曝光率和知名度，这样就能发展众多的潜在用户。

微信"查找附近的人"这一功能是基于地理位置服务（LBS）的社交功能，LBS能够通过移动终端和移动网络确定用户的地理位置，并能在确定使用者位置的同时，向用户推荐该地理位置附近能够提供的各种服务，例如周边搜索、位置签到、位置游戏和信息推送等。不管是哪种方式都能通过交流的方式看到签名档，这对投放广告是非常有好处的。同时，信息推送的方式为投放广告也提供了便利。

也许有人会怀疑，仅仅靠一个人用"查找附近的人"投放广告的作用是很有限的。但是试想一下，如果企业雇佣一批人24小时运行微信，然后把人流最密集的地方当作"查找附近的人"的地点。这样投放广告就会让很多人知晓产品信息，这样投放广告的效果恐怕会大大强于部分地区的户外广告效果。

利用"查找附近的人"来投放广告，要想起到良好的效果，要按照以下五个步骤来进行。

第一步，设置微信头像与个性签名。微信头像也是广而告之的方式，好的微信头像有利于营销，微信头像可以使用企业的LOGO，这样对可信度的提高是很有帮助的。个性签名的地方是投放广告的最直接的地方，这里写的文字可以是公司本月的活动、店庆活动、节日活动、优惠活动等。

第二步，启动"找朋友"功能，利用这个功能搜索到预定受众群体，编辑好要发送的信息，此时的信息内容要体现重点。

第三步，与微信网友建立通话后，及时回复网友的提问，在回复网友提问的同时可以附带公司的地址和电话，以达到广告的目的。

第四步，每隔20分钟重新搜索一次，尽量用语音功能回复顾客。

第五步，发送信息后要做好记录，要记住已经向哪些人发送了信息，千万不能一条广告重复发给一个人，会给客户造成骚扰的嫌疑。

2.漂流瓶，营销在扔捡之间立成

漂流瓶起源于中世纪，是人们穿越广阔大海进行交流的有限手段之一。随着网络的发展，各种网络版的漂流瓶也日渐增多。如百度漂流瓶吧、QQ邮箱漂流瓶、网络漂流瓶等，最近新面世的微信漂流瓶以后来者居上的姿态赢得了广大用户的信赖。微信漂流瓶有两个组成部分：第一个是"扔一个"，在这个功能里用户可以选择发布语音或者文字然后投入大海中，如果有其他用户"捞"到则可以展开对话；第二个是"捡一个"，这就是所谓的在大海中"捞"瓶子，"捞"到瓶子后就可以和对方展开对话。

微信漂流瓶一般发出后，由网络自动分配，不定收件人。也就是说发件人与收件人之间是完全陌生的，这样就更容易把信息发给客户，并能够减少销售广告的成本。由于漂流瓶是随机的，所以很多人认为收到漂流瓶很有缘分，所以，只要发件人的广告具有吸引力，就一定能让打开瓶子的人去浏览自己的网站。

用漂流瓶进行企业广告推广是有很大好处的，首先，不会被投诉，因为是陌生的，所以收件人最多是不看，不会被屏蔽和删除。其次，内容是随意的，也没有审核，所以营销广告的内容是可以任意组织的。再次，漂流瓶是中国使用人数最多的聊天软件之一，有很高的用户质量，并且各行各业的人都有，这无疑对企业或者企业营销的推广能够起到很大的推动作用。最后，是数量没有限制，一个微信号一天可以发6次，加上捞到的瓶子再发出去，最多可以达到9个，如果是一个人发漂流瓶，那么营销效果是有限的，如果是一个企业注册数目可观的账号专门用来进行漂流瓶推广，那么能够起到的营销效果是非常大的。

虽然利用微信漂流瓶能够起到很好的营销效果，但是在运用漂流瓶进行营销的时候，一定要注意技巧，如此才能达到事半功倍的营销效果。

第一个技巧是要制造热点话题。要把宣传的广告与热点话题更好地结合在一起，这样才能提高收件人阅读的兴趣，如此，就能提升瓶子被传递的机会。

第二个技巧是要用短小美文吸引阅读兴趣。这属于广告软文的范畴，广告软文写得好不好，直接影响到阅读者的兴趣，所以要写优美的广告软文。

第三个技巧是要发笑话和趣闻。没有人能够抵挡得了笑话与趣闻的诱惑，在投漂流瓶的时候，把这些有趣的笑话、趣闻和企业要推广的信息结合在一起，就能减少收件人对广告的反感，从而达到营销的目的。

第四个技巧是要进行情感笼络。漂流瓶里最多的内容是感情的倾诉与宣泄，很多人是为了寻找一些倾诉的对象，然后从中寻找安慰，此时就要做好漂流的回复，给他们以安慰，然后再引导对方浏览自己的营销内容。

3.轻松摇一摇，增加曝光率

大家现在对"摇一摇"这个词语已经不再陌生，提到这个词，大家最容易想到的是微信"摇一摇"功能。但是"摇一摇"并非微信独占，基于手机自身的重力感应，一些拼图软件、安全软件等也可以拥有"摇一摇"功能。在2012年5月，新浪微博Android客户端V3.0.0夏日版对外公测，在这一版本上也增加了"摇一摇"的功能。

不管是微信的"摇一摇",还是微博的"摇一摇",都能够摇出新客户,为我们创造大财富。虽然同为"摇一摇",但是二者的使用方式是有区别的,新浪微博的"摇一摇"使用方法是在进入新浪微博首页界面后,点击右上角三横的功能菜单,在功能菜单展开后就能看到新浪微博"摇一摇"功能了,点击进入。进入"新浪微博'摇一摇'"功能后,跟使用微信"摇一摇"功能时一样摇动手机即可。而微信"摇一摇"功能的使用方式是打开微信,在"发现"一栏下有"摇一摇"的功能,点击直接摇手机就能使用"摇一摇"功能。

不管是微博上的"摇一摇",还是微信上的"摇一摇",都能起到很好的营销效果,通过"摇一摇"可以增加曝光率,因为"摇一摇"有很大的随机性,这无疑能提高广告的曝光率。就拿微信"摇一摇"功能来说,如果商家利用微信账号不停地摇,那么,在同一时刻摇手机的人就能看到商家,商家要宣传的广告信息也能同时被宣传出去。正是因为"摇一摇"功能有如此大的宣传效果,所以很多企业选择用"摇一摇"的方式来做营销,并且起到了非常好的效果。

4.创建朋友圈,营销是"圈"出来的

最近,微信朋友圈营销日渐火热,所以很多人表示,朋友圈营销将比其他营销方式更具影响力,也很有可能成为未来营销的一种主流方式。加入一个好的圈子,你可以收获很多,营销可以做得更好,这就是朋友圈能够做到出色营销的重要决定因素。微信朋友圈营销虽然能够起到良好的效果,但是这种效果的出现是需要有一定的条件做基础的。

第一个条件是在朋友圈要有一定的好友。这就是微信好友的数量条件,如果只有几十个微信好友,是没有办法做微信朋友圈营销的,前期至少要有200个以上微信好友,并且这些微信好友必须是高质量的,如此做朋友圈营销才能产生一定的效果。

第二个条件是要保持良好的好友印象。要在微信好友中留下良好的印象,这样才能在运用朋友圈营销的时候起到良好的效果,一个人在朋友圈里面的口碑好与不好，会直接影响营销效果的好与坏，大多数的生意都是先从身边的朋友开始，如果没有良好的人品，朋友们是不会买账的，营销就很难有好的效果。

第三个条件是要有丰富的社会资源。朋友圈营销，社会资源扮演着重要的角色。如果能有充足的客户、合作伙伴，有一定的社会人脉资源，就能够在做朋友圈营销的时候得到他们的支持，如此，营销就能取得一个很好的效果。

第四个条件是要有深厚的文案功底。微信朋友圈营销靠的是什么？并不单单是图片，还要有生动的文字，生动的文字可以打动人，好产品再加上生动的文字，才能起到良好的营销效果。

具备了微信朋友圈营销的条件，还要守住一定的谨记，只有守住谨记才能让朋友圈营销起到良好的效果。

首先，一天不能发太多信息。发太多让人反感。要多发些有用的信息。在十分钟内连发多条微信是不明智的，最正确的做法是一小时内不要超过两条微信，并且微信的形式不能相同。

其次，不要只是发广告。朋友圈营销不能仅仅是宣传自己的产品，没有其他微信内容，应该要把营销与其他内容结合在一起，这样才能吸引朋友圈里的朋友。

再次，营销内容空洞。很多人在利用朋友圈进行营销的时候，常常会犯这样的毛病：仅仅是把营销当成广告内容的简单发布，比如发的仅仅是产品的图片、尺码、颜色介绍，而没有其他的东西，这种营销内容是枯燥无味的，不能引起朋友圈用户的兴趣。只有每天换不同的花样，以不同的形式来发表营销内容，才能最大限度吸引朋友圈用户。

有了朋友圈营销的条件，同时掌握了一定的技巧，在朋友圈进行营销可以起到良好的营销效果。

微博：店铺品牌推广的优良平台

微博，虽然每次只能发布短短140个字的内容，但是其中蕴藏着丰厚的利润。对于创业者来说，如果能够好好利用微博这个平台，就能让店铺依靠微博运营获得意想不到的价值回报。

对于创业者来说，微博是个非常好的营销平台。因为微博用户使用微博的目的主要为记录自己的心情、寻找兴趣相同的群体、讨论共同感兴趣的话题等，用户已将微博作为一个即时信息的交流平台，这在培养用户的信任感上具有其他媒体所不拥有的优势。所以，店铺如果在利用微博进行营销的时候，能够每时每刻与顾客在一起，分享生活点滴，传递产品理念，与顾客共度过、共成长，让顾客对品牌产生信任，这就能让店铺受到顾客的喜欢，并让他们最终发展成为店铺的死忠粉。

对于创业者来说，最重要的是寻找自己的用户。而对于店铺来说，获取用户的方式主要有以下3种。

第一种是通过话题找用户。

店铺利用微博进行营销，可以利用话题的方式来寻找自己的用户，具体的方式是通过搜索话题直接找到参与话题讨论的人群。比如说，如果你的店铺售卖的是运动服饰产品，作为店主就应该时常关注那些参与"NBA""世界杯"这类话题讨论的用户，并积极把这些人发展成自己的用户。

第二种是通过标签找用户。

所谓的标签指的是每个人自身的特点或者喜好，每个人在注册微博时，都会为自己贴上旅游、美食、数码控等标签，这些标签是用户自身设定的，能够体现出个人的特点。而店铺可以根据微博标签来对用户的特点，比如年龄、身份、职业、爱好等方面进行分析，从中找到可以成为自己店铺用户的目标人群。

第三种是通过微群找用户。

所谓的微群就是一群人因为某个共同爱好或感兴趣的话题聚到一起，进行交流和互动的群。店铺可以通过微群讨论的主要话题来判断他们讨论的话题是否和自己的产品有比较紧密的联系，如果是的话，可以把他们发展成自己的目标用户。

找到了目标用户仅仅是第一步，关键还是要把这些目标用户，也就是所谓的粉丝吸引到店铺的营销与推广中来。对于店铺来说，要想做到这一点，就要从以下四个方面努力。

1.取得粉丝的信任

微博营销最关键的是要取得用户的信任，唯有取得用户的信任才能让粉丝帮助店铺转发相关的店铺信息，从而产生较大传播和营销效果。店铺要取得粉丝的信任，就要不断与粉丝保持互动，同时还要做到经常转发、评论粉丝的微博，在粉丝遇到问题时及时帮助他们解决。这样才能与粉丝结成紧密关系，最终培养出店铺的死忠粉。

2.降低活动参加门槛

店铺常常可以采用举办活动的方式来吸引粉丝的关注，很多粉丝对参加活动有着浓厚的兴趣。然而，很多店铺在举办活动的时候总是会让活动环节变得繁乱，这让很多想参与活动的人止步。所以，店铺在利用微博举办活动时应尽可能做到简单易行，一定要在降低参加门槛的基础上举办活动，这样才能调动粉丝参与的积极性。

3.用悬念激发粉丝兴趣

人都会对有悬念的东西保持浓厚的兴趣，对于店铺经营者来说同样如此，要依靠悬念激起粉丝的好奇心，从而调动粉丝深度参加的兴趣和长时期参与的黏度。对于店铺微博营销来说，悬念能够起到很大的营销效用。

所以，店铺经营者要善于利用这种方式来维护自己的粉丝，并借此展开对店铺的营销工作。

4.用奖品来吸引粉丝

店铺在进行微博营销的时候，可以采用奖品促销的方式，用奖品驱动粉丝参与的热情。没有人不喜欢奖品，店铺经营者要善于利用人的这一心理，在利用微博进行营销的时候，以产品来吸引粉丝，让他们积极参与到店铺微博营销中来。

任何一个营销活动想取得成功，都需要花费精力。微博营销同样如此，微博营销的潜力巨大，如果一个店铺没能用它发挥大效用，只能怪自己投入的精力与重视不够多。虽然店铺利用微博进行营销能够收到很好的效果，但是店铺在利用微博进行营销的时候，难免会遇到负面信息，而店铺要善于处理这些负面信息。要合理处理这些负面信息，店铺要做的是第一时间给予关注。第一时间给予关注能够给用户带来被重视的感觉，会让用户对店铺产生一定的好感。同时，要在第一时间与用户接触、沟通与磋商，以寻找解决问题的办法。

四大策略，轻松做好店铺微信、微博营销

互联网时代，对于创业者来说，微信、微博已经是协助开店的两大利器，越来越多的创业者开始利用这两大工具来做生意，有的时候利用微信、微博开店，甚至不需要线下卖场，能直接减少门店租金、劳动力费用等，还能通过互联网迅速扩大知名度。店铺利用微信、微博营销不但能添加目标客户，还能宣传店铺文化、新产品等，不仅能够提升店铺销售业绩，还能增加店铺的知名度和美誉度。而店铺要做好微信、微博营销，就

要掌握以下四大策略。

1. 双账号推送策略

所谓的双账号推送策略指的是利用两个公众账号进行店铺营销，具体来说就是将促销与内容分开各做一个公众账号。用来推送内容的账号是为企业忠实粉丝专门提供的，目的是尽可能地满足他们希望了解更多店铺讯息的愿望。店铺每天都要对群发的信息做统一安排，准备好文字素材和图片素材，可以是新品推荐、饮食文化等方面的内容。除此之外，店铺还可以利用这一账号针对新老顾客推送不同的信息，同时也方便回复新老顾客的提问。而用来做促销的账号可以为顾客推送相关的优惠打折信息、促销活动等。这种双账号推送策略能做到方便顾客，不至于让顾客在诸多推送信息中寻找优惠信息。这样不但能够提升店铺销售的业绩，还可以形成口碑效应，大大提升商家品牌的知名度和美誉度。

2. 以活动吸引顾客

微信、微博营销比较常用的方法是以活动的方式吸引顾客参与，从而达到营销推广的目的。对于店铺营销来说，同样如此。然而，通过微信、微博策划一场成功的活动并不是一件简单的事情，因为这需要店铺经营者为此投入一定的经费。店铺借助线下店面的平台优势开展活动，是需要消耗一定的成本和人力的，对于小店铺来说甚至是有点难度的，但是这并不是说小店铺就不能搞活动，即使是小店铺，如果有了缜密的计划和预算，也能以小成本打造一场效果显著的活动。虽然举办活动需要消耗财力物力，但是活动确实是吸引顾客的最佳方式。作为店铺经营者来说，可以举办签到打折活动，具体方式是店铺制作好附有二维码和微信号的宣传海报和展架，然后利用专门的营销人员在活动现场指导到店顾客使用手机扫描二维码，关注商家公众账号即可收到一条确认信息，顾客凭借信息在购买店铺产品的时候享受优惠。当然，店铺举办活动的方式不仅仅是这一种，只要是任何一种能够促进消费的店铺活动都能被运用到店铺营销推广中去。

3.多形式吸引粉丝关注

店铺要想吸引足够多的粉丝，就要利用多种形式来吸引粉丝。比如，店铺在产品包装上印刷二维码，便于来到店里的顾客能够看到这些二维码，从而提升店铺的影响力。除此之外，店铺还能依靠这种方式积累一批实际的消费群体。除了二维码外，店铺还要在店面内设置展架、海报、DM传单等，这些对帮助增加店铺的关注度是有很大的促进作用的。

4.利用游戏增加用户黏性

不管是微信还是微博，对于店铺来说都是为了寻找一个与用户沟通的新渠道，然而对于这两个渠道来说有很多沟通形式和内容，不同的沟通形式与内容可以达到不同的效果。而在众多的形式与内容中，互动游戏是最能提高用户黏性的一种手段，如果游戏设计得合理，不但能够带动店铺的粉丝参加，还能让粉丝带动周围的朋友一起参与，这样就有利于店铺形成较高的口碑。

以上就是店铺做好微信、微博营销的四大策略，店铺利用微信、微博进行营销只要按照这四大策略来做，就能在积累用户的同时促进销售业绩的提升，除此之外，店铺的影响力与美誉度也会因此得到提升。

水果哥：大学生微信创业月入4万

对于石家庄经济学院的大学生许熠来说，利用微信卖水果让他赚取了滚滚的利润。一天营业额1 500元左右，一个月收入4万余元。如此可观的营业额也让许熠获得了"水果哥"的称号。利用微信卖水果是许熠的明智之举，这也是他能够靠卖水果赚大钱的重要原因。

许熠的眼光是非常独特的，石家庄经济学院共有学生1.7万名，女生就有6 000多。女生每天都要吃水果，而微信在大学生中也已经得到较广的普及，并且当时石家庄经济学院微信营销还是空白。许熠看到了一个极具潜力的水果市场，于是他开始上线免费申请微信公众账号——优鲜果妮。然而在刚开始的时候，许熠的订单并不多，甚至可以说少得可怜。许熠知道微信营销增加粉丝关注是关键，开始为自己的水果店做宣传，具体的方式是将印制的市场宣传单、广告册散发到学校的宿舍楼、食堂、教学楼。同时，许熠还请来了专业拍摄团队，为"优鲜果妮"拍摄宣传短片，并把拍摄好的宣传短片在每个教室放映……经过一系列的宣传措施，"优鲜果妮"开张3个月后已经有将近5 000个粉丝。有了充足的粉丝，许熠还根据同学的个性需求，推出"考研套餐""情侣套餐""土豪套餐"，这些套餐都是由蜜柚、香蕉、苹果、金橘等组合而成的。除此之外，如果有人通过微信订购水果，还可以享受免费送货上门的服务。

经过一系列的宣传推广，"优鲜果妮"的水果订单量与日俱增，每天的营业额达到了1 500元，一个月就有4万多的收入。许熠的微信营销越来越成熟，因为影响大，所以许熠已将业务范围扩大到零食、化妆品、电子数码等，并积极引进麻辣烫、奶茶、鸭脖等店铺入驻，顾客在"优鲜果妮"微信上下单购买，可以获得优惠和送货上门服务，"优鲜果妮"则从中获得销售提成。"优鲜果妮"的火爆让更多人看到了微信营销的好处，越来越多的学生加入到微信营销中来，这些新出现的微信平台为"优鲜果妮"带来了巨大的压力，除此之外，还有人假冒"优鲜果妮"微信账号，利用其品牌效应牟取利益。

许熠的成功呈现出的是店铺可以利用微信进行营销，以此来达到推广营销的效果。作为店铺经营者，要充分研究微信对店铺营销所起的重要作用，并且把微信切实应用到店铺的推广宣传中去，通过微信营销来撬动滚滚财源。

第四章 淘宝创业模式

做好8件事开一家没有店铺的店

当前，中国电子商务市场达到数千亿元规模，而淘宝则占据了中国电子商务市场大半江山。淘宝开店也成为一种可复制、可操作的创业模式，对于那些在淘宝平台上成长起来的商家来说，淘宝如同一个创业孵化器，一批优秀的电商如麦包包、七格格、Mr.ing等借助淘宝平台已经向自主品牌蜕变。

对于年轻的创业者来说，淘宝开店的优势是非常明显的：投资小，运营费用极其低廉。设想一下，仅需少量资金你就可以开一家面向全球的、一年365天不间断营业的店铺，借助发达的现代通信方式和的物流配送体系，就能实现你的创业梦想！但是在创业者匆忙投入之前，应该先做好以下各方面的准备。

第一，你是打算专职还是兼职？这个问题很重要，特别是对于上班一族或者学生一族而言，一定要在创业前就想好。如果你目前还没有很好的供货渠道，创业资金也不是很充裕，那么建议你还是从兼职起步，等生意走上正轨了再做专职也不迟。

第二，你打算卖什么？每个想通过淘宝创业的人都不免要遇到这个问题。淘宝就像一个大集市，五花八门，卖什么的都有。你可以根据自己所拥有的资源以及兴趣爱好来决定你所售卖的品类。此外，应尽量销售一些价值相对不太高、普通消费者都需要的、对售后服务要求不高的、不容易变质、不需要试穿或试用就能确定是否合适的商品。

第三，找一个品质稳定的进货货源。这是创业者初期遇到的大问题，也是创业成功的第一步。决定了要做什么，接下来就要找货源，稳固、可靠的货源是开好淘宝店的前提条件。

第四，想办法缓解资金压力。开网店不能所有的商品都先进货，库存太大不仅资金占用大，很多时候还容易造成库存积压。因为你其实没办法预判顾客到底喜欢哪些商品。因此，应该尽量减小或没有库存，把心思用在网络商品推广上，顾客订下什么商品才去向商家订购，这一模式可以让网店经营者对资金的需求降低到最小，是真正的人人可开店的无风险创业模式。

第五，按流程开店。这一步我们就不再细说了，因为现在淘宝有非常流畅的开店系统，没有什么技术问题，基本上是傻瓜开店模式。只需要一两千元，就能够搞定开店并进行简单装修。

第六，网店做好宣传推广。这一步是非常熬人的，因为新店开张后，需要经过一段较长的积累期，才能有较大流量。但是创业者也不能坐等生意上门，必须做积极的网络推广，从某种意义上来说，网店的宣传推广比实体店的推广更为重要。由于资金的限制，你可能没办法参与较多的活动，但是可以采用一些相对低廉的办法宣传，比如可以在各类相关热门论坛发帖。但是无论如何你的宣传文案尤其是标题一定要能吸引人，内容描述要让顾客有欲望下单。

第七，物流配送问题。接到订单后下一步要做的就是发货，这一点很重要。事实上我们可以看到，很多中差评都是由于发货包装不扎实，给货品带来损伤引起的。视物品的情况而定，我们可以用纸箱把商品稳妥包装，里面最好能垫一些缓冲防震材料。尽量与固定的快递合作，一方面可以拿到比较低的价格，另一方面也便于售后处理。

第八，售后服务的解决。这部分对于创业者来说是一个考验，因为网购的性质决定了很多顾客往往是在异地，售后服务费用大而且往返周期很长，情况也更为复杂，因而售后服务是个难点。这也是为什么我们建议最好选择基本无须售后服务的商品，因为售后服务一旦处理不好就会引起顾客投诉，影响店铺信誉！

好了，这8件事如果能够做好，那么你的网店也就有了一个不错的开始。接下去你要做的就是坚持再坚持，只有熬过最初的冷淡期，你才能迎来网店的丰收季！

创业初期如何设计页面提升流量

刚刚开始在淘宝开店，创业者遇到的问题就是没有品牌优势、没有客户基础，这就意味着没有流量。那么新手如何杀出重围，快速积累信誉呢？

首先，要好好设计你的标题关键词。这一点很多新卖家都会忽略，他们更多地把注意力放在了宝贝的数量和价格的设置上。好像只要有多款宝贝放上去，价格设置低一点，生意就会自动找上门。事实上淘宝的流量大部分都是通过搜索进来的，一个优化后的标题能给你带来更多流量。

开过店的人都知道，淘宝会有一些流量分析工具，请一定要订购，这对于网店接下来的发展很有帮助。比如量子统计可以帮助你发现进店浏览的顾客是通过哪些关键词搜索进来的。我们先来说一下标题的构成，优先级分别为：第一精准热搜词+第二精准热搜词+高点击率关键词+高转化率关键词+宝贝属性词。热搜词就不必说了，这里重点说一下高点击率关键词和高转化率关键词。高点击率关键词的选择方法主要参考关键词可用性，也就是与宝贝的相关性。此外还有搜索量和点击率，一般情况下，选择与宝贝属性相关，有一定搜索量和3成以上点击率的关键词，而高转化率关键词是比较难把握的，因为这类词一般与宝贝属性紧密相关，如果暂时找不到也不用担心，可以选用第三精准热搜词或自己设置属性词。

下面我们举例来说一下如何设置宝贝的关键词。我们以"羊绒大衣"为例来与大家分享如何设置关键词。我们先试着从淘宝首页搜索关键词"羊绒大衣 女"（如图5所示）。

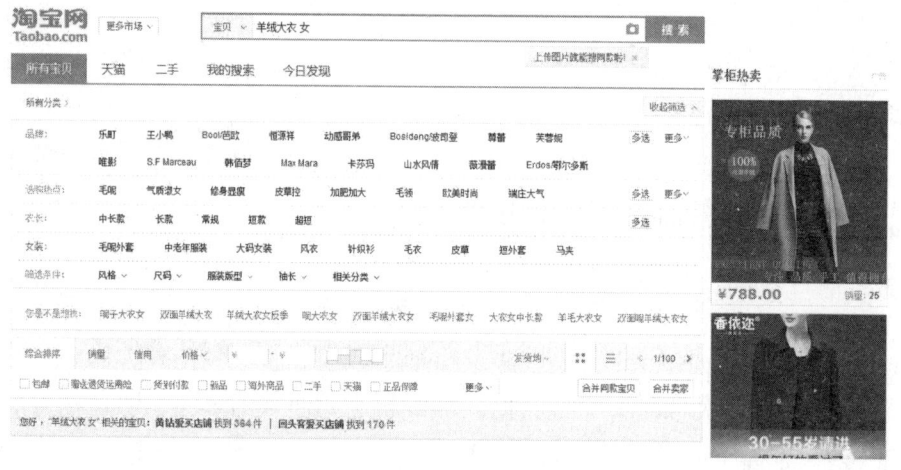

图5　电商网站"羊绒大衣"的搜索关键词

从上图可知，在淘宝搜索框中搜索"羊绒大衣 女"会有非常多的关键词，例如：毛呢外套、长款、短款、欧美时尚、修身显瘦、皮草控等。那么，什么样的关键词才适合放到宝贝标题里呢？这就要从卖家的量子统计里找热门词了，比如双面、高端、奢华、秋冬新款、宽松、中长款、纯手工、英伦风、显瘦等。接下来，你就可以结合自己店中商品的实际情况，给关键词做一个排列组合，比如"满百包邮双面呢大衣女中长款2016秋冬新款皮草控双排扣显瘦加厚外套"。淘宝用户就是直接用这些热门词去搜索宝贝的，而您家的宝贝中刚好含有这些关键词的话，被搜索的机会就增大了，流量就这样来了。特别提醒一句，标题尽量要写满30个字，多一个关键词就可以多一些流量。这样，一个囊括了大部分热门关键词而且与商品属性非常贴切的标题就出炉了。而接下来的工作就需要大家通过举一反三，按照自己店出售的商品来为每类宝贝收集好热门关键词，像照顾孩子一样细心地为自己的每一个宝贝起一个能带来好搜索量的标题。

标题的完善是提升流量的第一步，接下来再解释一下宝贝上下架的技巧，这也是很多新手容易出错的地方。我们知道宝贝上架可以选择7天后下架或14天后下架。淘宝搜索排名的规则是宝贝越接近下架，排名越前，那么我们当然就是要选择7天后下架了，因为这样一个宝贝每周都有一次下架，也就是每周都有一次机会排名靠前。如果宝贝在排名靠前的时候，刚好是搜索人数比较多的时候，那宝贝所引来的流量就更多了，如果宝贝在搜索人次特别少的时候下架（比如深夜），那就基本上得不到流量了。因此在上架时，我们应该把较多的宝贝放在搜索黄金时段上架，非黄金时段要少放一些，深夜或早晨时段没有搜索就干脆不放宝贝上架，这样宝贝就会在搜索排名中发挥到极致，流量也会最大化。

具体地说，我们可以用这样的方法上架：上午9点到12点逐渐增加宝贝上架数量，中午12点到下午1点尽量不安排上架；晚上19点之前尽量不要安排上架，上架的黄金时间是晚上的20点到22点，这段时间是买家搜索的高峰期。

最后，我们还要好好利用橱窗推荐位。很多新手易犯的错误是过于重视掌柜推荐位，忽视了橱窗位，事实上橱窗位对流量获得是非常有帮助的。橱窗位是淘宝给不同信誉等级的店铺相应数量的搜索优先展示位，淘宝搜索时会优先排列有推荐橱窗的宝贝，因此我们要把有限的橱窗推荐给最接近下架时间的宝贝，这样宝贝搜索排名就会大大提前。另外还可以把两三个最热销的宝贝放在长期推荐橱窗位，让它一直接热销，而那些与引流量无关的宝贝（如邮费专拍宝贝、差价补拍宝贝）等永远不推荐上橱窗。最后橱窗位不要出现空置，宝贝一旦下架了就需要把该宝贝的橱窗位空出来推荐到另一个宝贝上。

淘宝新店的宣传与推广

现在淘宝创业已经不再像过去那么容易，要想在这里取得成功，就得付出更多的努力。我们知道在淘宝上，主导销售量的因素有很多：信誉(最为关键)、价格(次之)、服务、流量、口碑等，每个因素都是致命的，而对于淘宝新手来说，你所要考虑的就是将自己的新店推广出去，只有流量才能让你生存下去。

那么，新手做淘宝可以采取哪些推广方式呢？

第一种：直通车推广。这种推广吸收的是站内的流量，对于一个新出生的网店而言，它是一个强大的外推力，当然，它的价格也比较昂贵。但是这种"贵"还是物有所值的，只要你的产品质量好，那么"开车"一定划得来。但是在这里要提醒创业者，在上直通车之前，请一定多花点时间研究一下关键词的转化率，让你花出去的每一分钱都有价值。

第二种：广告位购买。与直通车不同，这种推广方式吸收的是站外流量，比如说一些生活类的网站会有很多有潜力的客户，而买广告位就是利用这个外部资源。广告位的价格从几百元到几万元不等，要看网站的规模和流量大小。

第三种：淘宝客推广。下面我们重点说一下。淘宝客就是帮助淘宝上的网店推广商品，不同的网店给自己的商品定出了不同的佣金。我们做淘宝网店需要自己提升信誉，而做淘宝客无须提升信誉，可以直接选择高信誉的网店或者单品进行推广。淘宝客推广有两种形式，一种是店铺推广，另外一种是单品推广。在推广店铺的时候，按照信誉进行排行，选择信誉最高的进行推广；而在推广单品的时候，则按照淘宝客推广量进行排行。淘宝客有点像是付费招聘员工进行推广，卖家成交一单，淘宝客人员就能够获得一定的佣金，佣金大小看这个推广产品而论。淘宝客对于创业者尤为重要，因为做淘宝价格低质量好未必能有销量，因为顾客会关注你的信誉；而做淘宝客则不同，无须推广者有信誉，谁的产品畅销就推销谁的，从这个角度而言，在通过淘宝创业初期，还是要先做淘宝客，后开淘宝网店。

第四种：淘宝社区论坛推广。这种是软文推广，在论坛上面写文章来引流是不可缺少的一种推广方式，很多上钻用户或者上皇冠用户，都会雇佣一定的人员进行书写推广。这种推广的意义是让淘宝论坛社区浏览的用户关注我们，从而进入我们的店铺，转化为流量。

第五种：问答平台推广。这是一种卖家自己就可以进行的推广，网络上有很多问答平台，比如问答系统不知道大家有所了解没有，我们都有擅长的领域，比如百度知道、爱问知识人、360问答平台、搜搜等，上面可能会提到一些手表的真假辨别，外贸店推荐等问题，这都是有一定商机的，我们可以通过搜索去主动回答，推荐一下自己的店铺或产品。当然，回答时要注意委婉一些，硬广告总是会让人反感的。

第六种：QQ群推广方式。这种方式很简单，就是加入QQ群，在群里面直接发广告。说得更具体一点，就是把自己店铺的店铺活动、宝贝促销等信息通过发送到不同行业兴趣爱好的QQ群，同时发送群邮件，即使没有上线的QQ用户，在查看QQ邮箱时也能查阅到您的推广信息。在推广时要注意，QQ群发内容要简短、具有吸引力，这样能在瞬间吸引用户的眼球，达到理想的宣传效果。

第七种：微信火了之后，一大堆天猫、淘宝卖家都纷纷开通自己的公众账号，成功者甚至把主战场搬到了微信上。那么怎么在微信上推广自己的店铺呢？首先建立一个服务号，专注一个即可，不要做太多服务号；对于高单价的产品，对于需要信任的产品，对于回头率高的产品，其实也可以做个人号；推广时也可以找大号帮推广或者用小号加好友群发；利用好信息中"阅读原文"，很多人都忽视了这个细节。我们知道微信信息中没有办法放超链接，只有在"阅读原文"可以放上超链接，通过"阅读原文"可以给企业手机网站增加客户，也可以链接以前发送微信信息。

总之，经营淘宝店一定要积极做推广，因为流量是淘宝店生存的基础，流量才能带来销量。

↗ 与买家进行有效沟通

在淘宝创业做生意，有一点与线下是相同的，那就是要跟买家沟通交流。说得更明白一点，淘宝卖东西也是一种销售行为，良好有效的沟通才能提升销售，留住客户。

首先，一定要讲诚信。无论从销售的过程来看，还是从长远的销售利益来看，诚信都是立足之本，是买卖的第一步。创业者应该时刻从买家的角度去看待买家问的每一个问题，考虑他们想了解什么东西，需要什么东西，沟通环节流畅，你的观点才会得到他们的认同，同时采用真诚的态度对待他们，不要隐瞒任何问题，认真回答他们。另外就是千万不要胡乱许诺，新手店主尤其应该注意这一点，如果你在售前许下很多承诺，一旦买家买走商品就翻脸不认人，或者在商品出现问题之后，推三推四，不讲信

用，那么差评也会让你的店铺无法生存

其次，新手卖家要储备尽可能多的专业产品知识，在买家咨询时给出专业的意见。店主就要做到对自己的产品特性了如指掌，善于介绍产品的优点，冷静对待产品的缺点，面对买家的问题对答如流，准确到位，能给他专业的意见，切忌含糊其辞，答非所问。了解自己的产品自己才会有最基本的信心。

再次，沟通要注意细节。在淘宝开店创业，你的顾客是来自全国各地，有的甚至是偏远农村。那么物流就是一个大问题，确认地址后，不妨和买家一起确认一下哪家快递能到，这样的物流方式行不行，多做一点点，可省去不少不必要的麻烦。

最后，友好热情的沟通要贯彻始终。给买家发完货并不是服务的中介，在买家确认付款，经相互评价后也给买家发一两句简单的话或是愉快的表情，虽然花了一些时间，可全程周到的服务一定会让买家对你有较深的印象，也许下次有需要时还会光顾你的店铺。

七格格：把淘宝品牌做成时尚品牌

七格格是一个淘宝品牌，起步于2006年，专注于小众市场，通过多个小众品牌叠加成为一个快时尚品牌池，领跑中国潮流时装成为行业时尚风向标。2011年七格格被评为"中国女装最佳投资企业"，目前已有两家国际知名VC注资。在淘品牌中七格格无疑是非常成功的，而它的成功除了得益于淘宝这个平台外，最重要的原因是它拥有数目众多的死忠粉，而七格格获得死忠粉的一个重要手段就是兜售用户的参与感。

图6 创新品牌七格格旗舰店首页

七格格拥有一支"15位年轻设计师+1位专职搭配师"的团队,每月最少要推出100~150个新款,同时保证店铺内货品不少于500款(如图6所示)。在每次要上新款的时候,七格格首先会将新款设计图上传到淘宝店页面上，让网友们对新款投票评选，并在QQ群中讨论，最终选出大家普遍喜欢的款式，然后进行修改，再上传到网站，再修改，如此反复经过几个回合，等图片改造成熟的时候再生产、上架。在这个过程中，真正决定款式、时尚走向的是消费者，而消费者也非常喜欢这种参与到产品设计中的感觉，他们对自己参与设计的产品具有浓厚的兴趣，并会争相购买自己参与设计的产品，这就促进了成交量。

除了在产品设计的时候向顾客兜售参与感之外，还会在活动中让顾客积极参与进来，以促进产品的销售。比如在情人节举行的情人节帮派活动，七格格在情人节进行了两次活动，第一次情人节活动是为了拉动销量而做的常规促销活动，而第二次活动的重点在于SNS营销，以把顾客通过表白可获红包、叽歪、分享可获礼包的给力惊喜，吸引顾客的参与度，让顾客到帮派、淘江湖里去关注七格格家，通过这次活动，七格格又获得了一大批忠实的顾客。

七格格在经营的过程中运用的就是让顾客参与的方式，这种让顾客参与到其中的方式，给顾客带来了诸如被别人尊重、认可、自我实现等情感方面的因素，正是这些情感方面的因素为七格格培养了成千上万的死忠粉，并促进了七格格的飞速发展与壮大。

第五章　自产自销模式

我们知道，和互联网企业相比，传统企业的不足之处在于基于"大批量"思维和现有组织运营模式的限制，他们更依赖于渠道销售，无法与消费者形成高效的互动。而其优点在于他们的客观存在性，正因为其是客观的，看得见摸得着，所以更容易赢得消费者的信任，能给消费者更真实直接的消费体验。

相比之下，互联网企业通过技术优势，虽然能够开辟出渠道成本更低、更大限度接触消费者的新渠道，但因为其触摸不到，无法直接感知，所以不能带给消费者直接的消费体验，因此，尽管现在的网民热衷于网购，但大家对完全网络化的企业信任度并不高。

明白了各自的优缺点，因此既能继续保持传统企业的既有优势，又能将互联网企业的技术优势嫁接在一起的模式，将在未来大有作为。

口碑时代，产品质量为王

好产品自己会说话，产品给力，才能不断积累起品牌势能，产品的包装，产品的海报，产品的营销，产品的推广，都是跟在产品这个1后面的0。如果没有好产品，一切都会变得没有意义。

那些风云企业的CEO们，哪个不是在亲自抓产品？乔布斯从创办苹果之始，就在亲自抓产品，亲自举办产品发布会。谷歌的创始人一直在研发最新产品的"X实验室"工作。比尔·盖茨就是编程起家的，辞掉CEO后，还在兼任CTO。中国的IT精英们，多数是搞技术出身，关注点也在产品，这些企业的崛起，不是营销的成功，而是产品的成功。

一家2012年成立的网上零食销售公司，如何在双十一日销3 562万？三只松鼠CEO章燎原在脑联社分享了他做三只松鼠的五大秘诀。其中一条就是产品要好（如图7所示）。他认为：首先在互联网上，你产品不好，就不要做互联网了，顾客希望反馈出来。过去你在超市买个东西不好，你没有办法去告诉别人。互联网，你要买的东西不好，他马上会评价。这个不好那个不好，你还能卖吗？

所以产品好是个标配，是个基础，基础性的工作。现在超市那些坚果，要放到互联网上去卖要给骂死。有没有注意到像洽洽、来伊份等线下销售好一点的企业，在网上天猫的评分最低？证明它们在互联网上不如实体店受欢迎。

图7　三只松鼠电商网站首页促销活动展示

1.老板要亲自抓产品,这是新兴企业的共同特点。史玉柱说,老板关注什么,资源就向这个领域集中。老板抓什么,这个就是企业的战略。

抓产品就是抓消费者,抓产品就是抓营销,而且是抓营销的前半段。抓好了产品,就能大大减少营销的投入。抓产品就是抓所有工作的源头。

2.企业要养"技术疯子"。企业需要修复性的产品研发,更需要颠覆性的产品研发。产品研发要讲规矩,更需要打破规矩的"疯子"。产品研发不仅需要"想得到",更需要"想不到"。

3.产品研发的灵魂人物是"技术与社会学"双栖人员。技术人员苦于消费者需要什么,市场人员苦于不知道技术能做成什么。消费者的需求,确实很容易在"更快的马车"的思考方向。那么,怎么发现消费者"只可意会,不可言传"的需求呢?这就需要既懂技术,又懂市场的人。乔布斯虽然不是技术专家,但他能洞悉消费者的需要,并不断向技术人员提出"不可能"的任务,从而带动苹果的创新。

众所周知的腾讯系的马化腾，经常半夜拉起微信群，挑出不同产品的毛病，这种站在产品角度讲出体验不好的问题，比吆五喝六的强势管理更为有用，因为这样让团队心服口服。比如在非常火爆的微信游戏刚刚发布后，小马哥甚至半夜3点在香港发现了功能问题，招来团队即刻修复。

商业大拿史玉柱，更是在每天晚上几个小时游戏的体验过程中，发现产品的不足，然后找来策划团队马上响应。

再看腾讯QQ空间的另外一个例子，QQ空间在2013年推出了一个非常有特色的功能，叫作水印相机，用户可以在拍照分享前，在照片上加上优美的文字来表达当时的想法，而这个绝妙的点子，就来源于一名普通的研发工程师，这个功能，也在腾讯内部评为创新大奖。

马化腾认为，和过去PC互联网不一样的是，整个PC互联网的入口是由少数的互联网公司，包括像搜索引擎，或者客户端工具的流量入口，可以说是比较寡头的失败。但是，我们看到在移动互联网APP store的产业体系，引入到移动互联网当中，我们看到百花齐放，很多小的甚至一个人公司的产品，都有可能在一夜之间爆红。

他觉得这样的模式，其实是一种新的形态，但是我们也要看到这对产品的要求质量越来越高，因为用户安装了APP，很可能用5秒到10秒，他弄不懂，觉得不好用，就把它抛弃了。但是，如果一分钟之内，他觉得很有用，对他的生活、对他的效率、对他节省时间、对他的咨询或者娱乐方面很有价值，他会迅速告诉身边的朋友，甚至通过移动社交网络发布出去，促使APP瞬间在APP store排名快速增长，继而引发更大量的下载。

现在很多APP突然火爆，往往在三天到一个星期，它的决胜期可能在一个月之内。一个月可能不行了，基本后面按照老思路做，肯定是死路一条，必然要想新的创新路子，才有可能成功。所以说，产品为王的年代似乎已经来临。

给你的产品赋予一点个性

有个性的产品才有人喜欢。所以产品需要赋予一定的虚拟价值。观察一流企业的产品,就会发现这几乎是一致的"秘密"。

意大利时装设计师戴尼斯(Dennis)强调:"唯有产品个性是品牌差异化的核心表现。"他为FORESUN品牌设计了160件时装,都是秉持这样的理念设计的。

FORESUN来自英国,受军队户外生存的历史文化影响,使它锻造了户外探索性格的设计风格,它为现代生活注入了别样乐趣与探险精神。不仅满足户外探险者着衣的功能性和实用性需求,更贴近男士们对军人情结、沧桑粗犷个性的认知价值。FORESUN本着对独有性格的坚持,追求在户外环境中发挥产品的最大实用性与功能性,让户外休闲在生活中蔓延。从而塑造具有军装性格和探索精神的户外生活休闲装。

因此,产品设计中融有欧洲军装的功能性和结构感,这足以满足在户外活动时的实用需求。尤其在专业品类中,强大的功能设计,注重对防风、防雨、保暖、耐磨、轻便等细节上的关注,充分考虑了人的皮肤伸展率及人体关键活动部位的空间合理率,提升衣着舒适度与合体性。

在户外产品类中,FORESUN更倾向生活,讲究款式的时尚度与男人气度的结合,着装更注重易搭配性,面料触感更加柔和,且不乏小功能细节设计,如对电子产品的装载口袋设计、肩章设计、立体兜以及束腰效果设计等。

在时装设计的文化基调上面,它引进功能性面料创新及面料搭配、宽松及可调节腰身的版型设计、多口袋款式设计、军事感色调、加强坚固功能的工艺设计；而在基因文化上面，它引用了变异国旗、F图形识别、F暗格纹、F徽章以及独特的迷彩、密码、地标图形等纹样。目前在中国市场终端店提升至150家，成为具有军服魅力的领先时尚的军旅休闲品牌。

品牌个性、形象塑造，品牌核心价值观需要通过个性化、形象化的传达，改善品牌跟消费者的关系，这一点日益重要。凡是让目标消费者甚至公众反感的品牌，必然不会受到推崇。从消费者的认知来讲，有这么几个纬度：知名度、认知度、理解度、美誉度、偏好度、忠诚度。

如果产品没有个性，只是企业内部策划会议上的自说自话，这样的产品是没有忠诚客户群的。国内企业接触品牌比较晚，很多企业不明白、不理解品牌到底是什么，分不清品牌和产品。如果同时存在几十个甚至上百个企业，在向消费者提供同一种产品或服务，其中能勉强称得上品牌的屈指可数。企业以为自己跟别人一样是在做品牌，其实他们一直努力培植并坚信和依赖的营销力量，只是"产品"两个字。

没有被消费者深入理解的产品品牌，是很难真正进入消费者的内心世界的。产品深入人心，指的就是消费者深刻理解并认同了企业的价值观，从而在内心深处对品牌产生了情感共鸣，将产品文化内化成了自己情感世界的一部分。没有真正的理解，就不可能有真正的美誉，更不会有真正的偏好和忠诚。

手机的品牌定位，各个厂商一直在试图刻画到消费者头脑中，比如商务手机、音乐手机、女性手机等，而小米却跳出了这个圈子，定位成"发烧友手机"，这个超越了性别、年龄、地域、阶层的定位，反而深得人心。除了创始人雷军是手机发烧友、小米手机可以随意去刷ROM满足发烧友的搞机需求以外，还有什么使这个发烧友的个性定位捧火了小米手机？

发烧友，可以让他在朋友、同学、家人中彰显出他的个性。我们可以想象这样一个用户画像：一个在城市中为了生存忙碌工作的小白领，闲暇时拿出自己的小米手机，秀出自己对机器的若干调整和配置，讲解得头头是道，更让那些小白女生惊讶点头，然后他也会晚上一头扎到小米论坛中和志同道合的机友探讨各种性能指标，这一瞬间，高高的生存成本已经可以暂时放在脑后，让他得到间隙的欢愉。

这是一个个性化的时代，个性化的消费主张在互联网时代，不仅可以彰显出来，更可以得到尊重。

只有个性化的产品文化才能印刻在顾客心中，这样的产品文化才能发挥感动营销的特长，感动营销其实是一种全方位的沟通和传播战略。

被Facebook以10亿美元收购的Instagram，被华尔街给予数十亿美元估值的Pinterest，还有迅速蹿红的画画猜词游戏DrawSomething等都具有"弱功能、强体验"的特征。而这里的关键词"体验"，最核心的要素就是个性化。只有满足了用户的个性化需求，才能为用户创造出深刻而独特的体验。

最近，海尔开启了云电视网上定制特别通道，推出个性化定制的服务，消费者可根据不同的消费需求——包括屏幕尺寸、3D影像、网络功能、超窄边框、安装方式等多个方面——进行个性化功能模块选择，定制云电视个性解决方案。海尔则根据用户的具体定制需求，进行产品设计和研发。业内人士指出，海尔云电视个性定制从个性消费需求出发，驱动着海尔的生产方式发生转换。

互联网行业正在迎来一场大变革。随着移动互联网的崛起，互联网的整体普及速度大大加快，整个互联网正在从工具属性转向个性化，从理性转向感性，产品之间的竞争也正从功能比拼转向看谁能帮助用户创造最好、最个性化的体验。正是在这样的产业大势之下，各大公司开始自觉或者不自觉地加入到个性化市场的争夺中来，个性化、审美体验这些目前看来相对次要的因素，将成为改变未来互联网格局的重要力量。

我们正要进入并快速拥抱每个消费者的时代，人人都是设计师，人人都是创意师，人人都是裁缝，人人都是销售，人人都是消费者。他们越来越追求个性化，越来越追求自己的消费、自己做主，这是一个新的改变。

↗ 快速推出产品，用更新实现完美

传统企业做产品的路径是，不断完善产品，等到完美的时候再投向市场，再修改完善就要等到下一代产品了。而互联网创业则不然。讲究的是快，尽快地将产品投向市场，然后通过用户的广泛参与，不断修改产品，实现快速迭代，日臻完美。

特斯拉是不断的迭代，不是一开始就是走这个模式，特斯拉生产第一款车时，没有自己的生产线，那款车的整体结构是从一个英国品牌买到的。由于这款车整体是买一个已有车的结构，所以没有办法做出一个革命性的电池安置，只好把大块电池塞在一个空间内。第一款车非常难看，结构设计不合理，等于背部背了一个大炸弹。而到现在就已经完美解决了这个问题。特斯拉没有服务中心，一旦有问题就派出一个大车，里面装一些工具，把车开过来解决问题，而现在这些中心和最好的汽车中心可以媲美。

所以迭代是颠覆式创新的灵魂，在特斯拉整个发展过程中，迭代起到非常大的作用。

于是，互联网产品在推出时，通常显示有测试版，也有封测、公测等概念。互联网会重视用户社区，重视粉丝建设，依靠用户的集体智慧，帮助完善产品，从群众中来，到群众中去。

在飞速发展的互联网行业里，产品是以用户为导向在随时演进的。因此，在推出一个产品之后要迅速收集用户需求进行产品的迭代——在演进的过程中注入用户需求的基因，完成快速的升级换代裂变成长，才能让你的用户体验保持在最高水平。不要闭门造车以图一步到位，否则你的研发速度永远也赶不上需求的变化。

2000年，百度完成了第一版搜索引擎，功能已经很强大，超过市面上的其他搜索服务。但是从纯技术的角度来看，第一版搜索引擎或许还存在一些提升的空间。开发人员秉承软件工程师一贯的严谨作风，对把这版搜索引擎推向市场有些犹豫，总是想做得再完善一点儿，然后再推出产品。

当时，对是否立刻将这款并不完美的产品推向市场，百度的几位创始人也仁者见仁，智者见智，大家的意见很不统一。最后，还是李彦宏下了结论："你怎么知道如何把这个产品设计成最好的呢？只有让用户尽快去用它。既然大家对这版产品有信心，在基本的产品功能上我们有竞争优势，就应该抓住时机尽快将产品推向市场，真正完善它的人将是用户。他们会告诉你喜欢哪里不喜欢哪里，知道了他们的想法，我们就迅速改，改了一百次之后，肯定就是一个非常好的产品了。"李彦宏说，"所以，这个过程中不怕错走弯路，但重要的是快速迭代，早一天面对用户就意味着离正确的结果更近一步。"

上线后，百度的新产品果然受到用户的普遍欢迎，当然，从后台观察上百万用户的使用习惯与应用方式，也让大家更清楚了用户需求，从而明确了改进的方向，技术部集中力量进行了一轮又一轮的攻关改进，一周之内，功能已经进行了上百次更新，而这种优化从此便延续下来，直至今日。

如果秉承完美之后再推出的心态，百度可能永远也不会推出自己的搜索引擎，因为用户的需求日新月异，永远都没有最好，只有更好。

今天，百度产品的更新迭代更快了，大家不知道，其实每天都会有上百次更新升级上线，网页搜索的结果页每一天都有几十个等待测试上线的升级项目，失败了不要紧，改过再上。百度的工程师已经习惯了一个叫"AB test"的开发模式，即如果我们不确定A、B两种结果哪个更符合用户的需求，就让用户来为我们test，得到结论迅速调整。

正是这种越来越快的迭代演化使百度在中文搜索引擎的生态圈里永远保持在进化链的最顶端。

在一次总监会上，李彦宏详尽地阐述了他的"快速迭代理论"，"这个产品究竟是该这么做还是那么做？用二分法来看，经过100次试错之后，你就能从101个选择中，找出那个唯一的正确答案"。

在他看来，用户是最好的指南针，任何产品推出时肯定不会是完美的，因为完美本身就是动态的，所以要迅速让产品去感应用户需求，从而一刻不停地升级进化，推陈出新。这，才是保持领先的捷径。

圈子是离你最近的销售渠道

2013年，自QQ空间开放红米手机预约，短短30分钟就有100万人参与预约，到第3天预约人数又突破了500万。

小米发布新品红米手机，和QQ空间合作，确实有点在意料之外，但仔细分析，又在情理之中。

首先，QQ空间是一种基于强关系的社交网站。和微博等其他社交网站不同的是，QQ空间内的好友大多都是熟人，即使你不常用，你可能也会不定期上去看看。

在QQ空间里，大家都是同学、同事、邻居或者亲友，基于这种"接地气"的亲密关系，与生活有关的消费类信息更容易被分享和传播。用户在转发时也不再会有太多顾虑，甚至乐于主动推荐给亲友。比如在红米营销中，空间通过"免单"活动鼓励用户分享时，很多用户特意自己写了推荐词，为的是把信息传递给其他需要的亲友。这就是熟人社交的独特魅力。

其次，熟人社交有利于打破消费者的心理防备。英国Mediaedge就曾实施调查发现：当消费者被问及哪些因素令他们在购买产品时更放心时，四分之三的人回答"熟人推荐"。熟人社交网络里的口碑传播，更容易打破消费者的心理防备。当你的好朋友突然有一天在空间里转发了一条红米活动信息，你很可能会特地留意下他为什么会转发这个。

最后，熟人社交让营销在真实用户间进行，可以带来更高的转换率。相比其他平台，QQ空间不仅人气更旺，而且财气更真实，所以转换率自然更高。

在红米营销中，小米又把QQ空间的熟人社交优势发挥到了极致。有了活跃、牢固的熟人社交网络，QQ空间就在无形中为红米拉来了大批的免费传播员，而且口才好、可信赖。红米如何能不火？

每个人都有自己的圈子，每个圈子的成员都有他们相似或相同的爱好，每个圈子相对来说也都有他们习惯使用的品牌和产品。正所谓物以类聚，人以群分，开法拉利、兰博基尼的人大概不会经常与开夏利的人混在一起，穿戴普拉达、古琦的人大概也不会经常和穿阿迪、耐克的人混在一起。

2011年6月底，Google+"圈子"让人们的社交圈划分得更加细致和清晰；而一年后的同样时间，腾讯试运行的"QQ圈子"则无限放大了人们的社交网络。QQ空间作为中国最早的社交网络之一已经存在多年，它伴随着许多人从少年时代走向青年时代，成为连接朋友之间必不可少的纽带之一。

与QQ空间相比，新浪微博诞生较晚，由于其在推广期间利用新浪庞大的媒体关系招揽大批娱乐界、体育界、文艺界等各界明星、名人入驻，因而自一开始便形成了与QQ空间完全不同的气质。又由于新浪微博用户之间的关系可以是单向的，而非QQ空间那样双向，因而新浪微博对大多数用户来说是一种弱关系——即单方关注的关系。至于圈子，新浪微博用户之间形成的是基于同一类职业、兴趣或媒体的圈子，他们之间可能算不上朋友，但常因为讨论、关注一个行业或一个领域的问题而形成圈子。这个圈子与QQ空间基于朋友关系以生活为主题的关系差异较大。

微信诞生于2011年年初，在一大波即时通信工具中，微信很快占据了上风，并用令人发指的速度迅速增长，很快它将几乎所有的同类工具甩在身后。微信的成功与其存在多年的QQ体系有着密不可分的关系，许多人的微信好友便来自QQ，在微信发展前期，你可以将微信看作是移动版的QQ，将朋友圈看作是移动版的QQ空间（但二者并不完全一样，后文详述）。等到微信将手机号绑定后，它的用户已经逐渐形成同学、朋友、同事之间的强关系圈子。

↗ 利用社群工具建立良好互动

纵观互联网上这些社群工具，比如起初的BBS、QQ群、微信群、微社区各种社群的形成都是通过某一点的兴趣或者需求集结在一起，比如豆瓣，一开始是以电影和书籍点评分享形成的社群；百度贴吧，是以某个兴趣或者需求形成的社群；小米社区就是通过小米手机的需求形成的社群。这些不同形式的人聚合形成的社群，根据不同的需求、兴趣和喜好会形成不同的社群圈子。

黄太吉CEO赫畅认为，今天在互联网营销的时代就是创建共振，因为每个人都是独立的个体，一个品牌也是独特的个体，如何建立相同的价值观、相同的兴趣取向、相同的社群，才是最关键的，社群经济是最关键的。

举一个例子，赫畅不太喜欢五月天，因为他觉得太幼稚了，但是五月天是极其成功的乐队，因为只有他们可以把北京的鸟巢装满，而且连续两天，这件事只有一个人干过——张学友。张学友只能装满一天，五月天装满第一天再加演一场还能装满。这就是今天的经济，这就是今天的趋势也许在座的各位没有几个人喜欢五月天，但是他现在就是这个世界上非常成功的乐队。也许我们今天很讨厌《小时代》《致青春》这样的片子，但是这样的片子在中国110亿人民币的电影票房中抢走了好莱坞一半的江山——68.5%是国产电影，为什么？大家买的是价值观的认同，买的是社群，买的是粉丝，因为我是你的粉丝所以我要看《小时代》，跟你的电影好看不好看，其实一点关系也没有。

这就是我们今天在做社群的概念，跟煎饼是不是好吃，没有决定性关联，当然我们尽量让煎饼好吃。这跟小米是不是真正好用，也跟米粉没有决定性关联，大家共同爱着这个品牌才重要。社群经济就一个字"爱"，你要笼络一批爱你的人，不要花心思在不爱你的人，人生很短暂，我们有精力投入服务好爱我的人就很好了。

赫畅和老婆五周年的结婚庆典，在煎饼果子店举办，参与者都是黄太吉的微博粉丝，没有亲朋好友，让粉丝、陌生人参与到老板和老板娘的五周年的结婚庆典。

庆典现场，女嘉宾在屋里围着，男嘉宾在外面站着，赫畅在给女嘉宾讲如何找到好的老公。面对面的沟通的方式能够提高各端客户的忠诚度。今天顾客需要的是什么？需要的是可触摸的偶像。如果想建立一个粉丝经济，你首先要把自己，非常主动开放地站在前面，而不是藏在这品牌后面，这是不可能实现的。

赫畅非常看重社群经济的力量，认为社群经济具有很好的包容性。他在一次访谈中这样谈论社群："今天的社群不只是粉丝，包括上层资源。乐蜂网也是我们的社群资源，因为乐蜂网送了很多的面膜给我老婆，我老婆就发了很多的微博，夏华大姐也一样，她给我们六个当家人，做了衣服，希望我们以后穿着她的衣服照相，一样的，你要把更多人加入到你的人群中，并不是你的终端消费者，各种各样的人，只要抱有共同的价值观都可以在这个社群里。"

黄太吉能够卷入很大的用户关注，不在于煎饼本身的口味，更多可能要归因于：制造了一种用户易分享的社区环境，或者说体验，以及激起了用户对这个品牌的一种"好奇"。

今天，用户对于分享的关注，可能超过吃本身了。消费者更看重的是彼此之间的互动等社会交往功能。

↗ 开心网：病毒式营销带你脱颖而出

所谓病毒式营销，指发起人发出产品最初信息到用户，再依靠用户自发的口碑宣传，病毒式营销利用用户间的主动传播，让信息像病毒一样扩散，达到推广的目的。由于其原理和病毒传播方式类似，经济学称之为病毒营销。通过提供有价值的产品或服务"让大家告诉大家"，通过别人为你宣传，实现"营销杠杆"的作用。

开心网的病毒式营销是国内SNS网站做得最成功的一例。2008年3月，程炳皓创办了开心网，通过病毒式营销模式，短短一年多的时间里，以独特的营销和产品成为互联网业的一匹黑马。

2008年最重大的网络事件之一，就是开心网在白领群体中的流行，以至于上开心网变成了一种时尚。种菜摘取、抢车位……开心网像病毒一样在人群中蔓延。于是，在白领人士中曾经传播着这样的流行语：2008年7月之前你没有听过开心网，这很正常，因为那时它才刚刚创立不久；2009年7月，如果你还没有一个开心账号，很显然你已经"OUT"了。

其实，开心网提供的产品并不新鲜，照片、日记、书评、影评等信息分享平台，短消息、留言、评论等沟通手段，事务管理、网络硬盘、收藏等个人工具，投票、答题、真心话等互动话题以及朋友买卖、争车位、买房子等互动组件，多数都是从国外大牌社交网站facebook、Twitter等借鉴来的，开心网完全照搬了Facebook的做法，比如抢车位、投票、测试等小游戏插件，通过这些应用吸引有闲的白领人士成为忠实用户。

虽然，作为一个模仿者，开心网提供的产品并不十分出人意表，但是，其成功的营销手段确确实实是赢家的范例。纵观开心网的营销模式，我们可以发现，在开心网大为流行、赚足眼球的背后，则是开心网几乎没有花一分钱进行广告推广，也基本上不在其他网站做广告链接，而是完全依靠病毒式营销传播，将SNS网站最传统的病毒式营销发挥到了极致。MSN的用户主要为白领，通过与MSN合作，开心网获得了MSN的用户数据。用户在开心网注册之后，MSN就会自动发送邀请链接给其MSN好友。有时候，MSN用户会在一天之内收到好几十个链接，邀请其进驻开心网，直到MSN用户最终注册。一旦注册，就会自动成为下一个传播节点。靠着这种爆炸式的病毒传播营销模式，开心网的用户在短短几个月内呈几何级数增长。

开心网在复制Facebook的模式时，巧妙地找准了一个切入点，通过对"六度空间理论"的准确把握，依靠IM和E-mail进行病毒式营销，选择互联网、传媒、广告、影视等"人际互动"比较强的行业，以这些行业从事市场、公关、销售的人员为突破口，辅助以口碑传播，使得开心网在短短几个月内风靡于网络世界。有资料显示，从2008年5月开始，开心网的流量和人气急剧攀升，截至2008年12月，开心网的用户人数，按照最保守的估计，也在500万到800万之间。

开心网的营销推广模式给我们如下启示：要让一个产品获得一个好的推广渠道，首先要寻找正确的意见领袖。

利用互联网的传播特性，促成产品在社交网络、社会化媒体的渗透，并通过制造轰动性事件、争议性话题等（参见雕爷、罗永浩），实现大范围病毒传播，乃至达致引爆点。这是一种无本万利的营销手段。

寻找正确的意见领袖，对于病毒式营销初期来说非常重要；病毒式营销是细水长流的工作，但是在大部分情况下，意见领袖可以帮助你事半功倍。所以，寻找真正喜欢你产品的联系人、内行、推销员角色就变得举足轻重。

应用好口口相传的营销方式——病毒式营销另一个关键点。口碑，是一个在信任的人之间一次一次传递商品信息的过程，如果正面的商品信息在你和你的朋友间都无法顺畅传递，你也不要指望它们会通过口碑的形式被广泛传播。

循序渐进不求速成。病毒式营销与传统的网络营销方式有相同点，即"好汤需要慢火炖"，有时，太急于表达自己的商业目的，客户反而不会买账，而自然而然地让客户接受，往往会收到意想不到的效果。

第六章　只销不产与只产不销创业模式

↗ 众包：让用户制造产品

《连线》杂志记者杰夫·豪威（Jeff Howe）提出，众包（crowdsourcing）就是"把内部员工或外部承包商所做的工作，外包给一个大型的没有清晰界限的社会群体去完成"。

众包的意义不仅在于获得更完美的解决方案，更在于满足消费者需求。当参与者是潜在消费者时，它的独特价值就显现出来了，因为消费者最了解自己想要什么，因此，创意无限、智慧无穷的他们往往能创造出超越世界顶尖公司的好产品。更重要的是，众包还提供了一个平台，无论是艺术家、科学家、建筑师、设计师还是一个涂鸦者，都能充分发挥自己的想象力，创造一个独一无二的产品，每一个产品都有可能创造一片巨大的蓝海市场。

在崇尚个性的时代，人人都希望自己是产品设计师，拥有自己的专属产品，遗憾的是大多数传统企业仍旧遵循着老套的商业模式，制造并销售自以为创意无限的产品，消费者真正需要什么，他们未必清楚。

个性化是一个不可逆转的趋势，只有让更多的消费者参与到产品设计中来，才能源源不断地涌现出令人惊喜的创意，才能满足个体的独特需求。

2000年，Jake Nickell在芝加哥在线社区Dreamless发起的T恤设计大赛中赢得大奖后，就萌发了建立一个T恤设计社区的念头。当时，大多数企业都遵循传统的售卖方式：按照事先设计好的模板成批生产T恤，但总有一些顾客不喜欢，以至于仓库里总会有整包整包没开封的"旧T恤"。所以，他想，为什么不让顾客在购买之前给T恤设计打分，只生产那些分数最高、订单最多的T恤呢？这个听起来非常简单的商业想法，却让Threadless成为联网创业的成功典范之一。

Threadless给全球设计师提供了这样的平台。每周，它都提供不同款式、颜色但没有图案的成品T恤，然后邀请设计师创作，提交各种T恤图案，放到网站上供访客评分（通常从0到5打分）和挑选，评分最高的图案最终会被印制在T恤上卖出去。得分最高的设计师除了能获得奖牌、2 000美元奖金和500美元礼券外，设计师的名字将印在每件T恤上，留下独特的个人品牌烙印。

由于Threadless的个性化T恤相当便宜，价格仅为15~20美元，因此它一推向市场就受到百万年轻人的追捧，其营业额几乎以每年翻一倍的速度增长，2002年的销售收入为10万美元，但到了2008年就已经高达3 000万美元。

如今，尝到甜头的Threadless推出了多个类似的项目，其中包括儿童服装网站、设计墙纸和领带的网站等。鉴于Threadless的成功，其他传统企业也纷纷效仿。PC制造商戴尔联合Threadless推出了11款艺术笔记本外壳，消费者只需在原来的价格上加85美元设计费用，就能获得个性化的笔记本电脑；HP联合MTV举办了一个名为"Take Action. Make Art"的全球创意设计大赛，获得全球设计冠军的精彩作品将制作成HP全球限定版笔记本电脑。

众包为人们提供一个很好的解决思路,那就是让"用户制造产品"。这或许会对生产效率、库存管理提出更高的要求,但有什么比满足消费者的需求更有价值呢?事实上,越来越多的众包企业解决了"个性化"与"规模化"之间的冲突。

互联网分销让全民皆商

自2014年以来,人们越来越多地看到这类的新闻报道:"福建茶农用网络分销销售本地茶叶""80后用互联网分销模式成功创业"……事实就是如此,互联网分销模式已经全面到来,与传统的分销模式相比,基于互联网开发出的新型分销模式有高效率、跨地域等特点,这也打破了传统观念里的线下分销的概念。

有人笑谈,互联网分销的出现拯救了传统企业,而且最终实现了全民皆商、全民分销。那么什么是互联网分销?为什么这种分销模式会受到传统企业的青睐呢?第一,互联网分销模式可以利用便利的互联网迅速打开分销渠道,因为全民分销已经在事实上消除分销商的地域、资质上的差异,每个人都可以参与,调动每一个普通人参与分销的热情;第二,以淘宝为首的网络交易平台已经彻底改变了人们的购物习惯,越来越多的消费者习惯于网络购物,这就给我们展示了传统企业在新的形势下选择互联网分销的必要性,毫不夸张地说,在互联网上建立自己的B2B、B2C经营模式,是传统企业抢占市场份额的最佳途径。

落地微商的互联网模式

在众多互联网分销模式中，我们最为熟悉的还要数微信分销。我们常说的微信三级分销就是"上游厂家、中间代理商、终端消费者"的三级扁平化架构模式。当消费者在充分的体感后，有效通过朋友圈或者微信群进行传播的时候，因为付出了一部分的劳动而获得一定性厂家返利或者奖励模式。但今天我们要说的是微商落地，即开出实体店铺，把目标客户精准指向社区。

下面我们就下来细数一下微商落地有多少条路可以走。

1.实体店主代销模式。这种代销模式对于实体店来说是一种非常好的选择，因为实体店主没有更多的产品库存，只是把该产品代理商的几件产品放到店内展示，有进店客户主动购买才能达成成交的一种方式。卖出一件就拿一件单品的利润，卖不掉就当是一件展品放置。

2.实体店代理模式。这种代理模式产生的原因主要是国内整体经济不景气，而实体店铺由于店面租金的逐年增长以及电商行业越来越猛烈的冲击，被迫尝试转型，或者不得不尝试暂卖他人产品来维持店面存活，多一个产品也可以多一条出路。还有就是微商品牌的影响力强大。比如某一微商护肤品牌在网上拥有较高知名度，那么在自己店面中代理该产品，很可能会带来意外的销售。

总之，微商落地有一定的难度，但是只要把握好吸引客户、体验产品、转化成交三个环节，那么在越来越成熟的互联网环境中，微商落地一定会大有可为，为创业者和企业带来更多商业上的可能性。

来伊份：外包让产品来迎合顾客

来伊份，这是一个很多女性读者都很熟悉的连锁店铺，来伊份成立于1999年，公司主营业务为休闲食品，产品覆盖炒货、蜜饯、肉制品等九大系列，多达700个品种。目前已拥有连锁直营专卖店超过2 500家，并获得"上海市著名商标""上海名牌产品""2010上海世博会特许产品零售商"等多项荣誉。

1999年，郁瑞芬在上海的四川北路商业街租下一间小店开炒货店，这就是来伊份的前身，在做这家炒货店时她并没有想到，来伊份在之后的十多年里能够取得如此快速的成长。来伊份不但在上海、江苏、浙江、山东、湖北等区域拥有2 500多家连锁直营专卖店，而且销售的产品也从最初的饮料和炒货拓展到现在的炒货、蜜饯、鱼制类和肉制品等诸多品种。来伊份的发展速度无疑是飞速的，因为仅仅用了10年的时间来伊份的门店数已经超过2 000家，这样的速度甚至是连锁业巨头麦当劳也无法完成的。在博盖咨询总经理高剑锋看来，这得益于来伊份创新的商业模式以及标准化的经营理念。但在郁瑞芬眼中，这与连锁业共同遭遇的两次危机紧密相关。

来伊份的飞速发展除了得益于独特的经营理念外，还得益于郁瑞芬对产品的不断快速迭代。由于来伊份成立之初是一家炒货店，作为炒货行业有旺季淡季之分。一般来说，春节期间，瓜子等炒货卖得很好，然而一旦到了夏天，瓜子等炒货就进入了淡季，销路不好。郁瑞芬开始思考、分析吃瓜子的客户夏天吃什么，最终确定了在夏季转而售卖蜜饯等产品。为了让产品受到消费者的喜欢，郁瑞芬当时的主要工作是，到世界各地品尝小吃，采购小吃，然后由代工厂生产出同样口味的小吃，发往各门店销售，而对于那些不受欢迎的产品则选择快速迭代。

图8　拥有"爆品"销售体系的来伊份电商首页

依靠这种快速迭代的方式,来伊份迅速淘汰了销量不好,不受消费者喜欢的炒货产品,最终形成了最受消费者喜欢的产品销售体系,正是依靠这种体系,来伊份实现了快速扩张,最终实现了2 500多家连锁直营专卖店的规模经营(来伊份网店见图8所示)。

来伊份的成功得益于拥有广泛的外包资源,可以不断对产品进行快速迭代,根据销售数据来迅速淘汰那些不受消费者喜欢的产品,并迅速推出销量好,深受消费者喜欢的新产品。

第七章　互联网智能化创业模式

创客经济：我的事业我来创

"创客"一词来源于英文单词"Maker",又译为"自造者",通俗地说,就是出于兴趣与爱好,努力把各种创意转变为现实的人。2015年,李克强总理就曾考察了深圳柴火创客空间,为实现"大众创业、万众创新",创客被寄予厚望。

当我们提起创客创业时,还是来追溯一下创客运动的本源。创客运动最初出现在美国:一批年轻的自造者,他们更喜欢自己动手制作生活所需的产品,后来渐渐发展成一些DIY社区。2006年,"创客集市"开始启动,自造者不断展出各种新奇的作品,"创客文化"便宣扬开来,后来发展成为风靡全球的"创客运动"。

人人都能成为创客,无须在乎年龄,创业成功与否其实和年龄关系不大。创业什么时候开始都不晚,创业更多是时机、运气、爱好、各种资源积累和执行力的混合物。而现在我们所说的"创客潮"特指以互联网为基础的创新创业。多年前,欧美"创客"们研制了能够实现众多功能的无人机,而研制成本甚至不到波音公司的1%,这正是创客创业的魅力所在。而创新生活实验室、制造实验室及众筹、众包、众智等创新模式,也激发了全球性的创客运动。在中国,随着互联网时代的到来,中国民间的"创客"团体正在不断崛起,比较知名的创客中心有北京创客空间、深圳柴火、上海新车间。很多创业者最初都是独立打拼,但随着"创客空间"的出现,这些"创客创业者"开始聚众"拼车",创新的交流成本及经济成本也不断降低。

穿戴设备抢占创业先机

2012年4月,谷歌发布了一款高科技眼镜,这款高科技眼镜拥有智能手机的所有功能,镜片上装有一个微型显示屏,用户无须动手便可上网冲浪或者处理文字信息和电子邮件,同时,戴上这款"拓展现实"眼镜,用户可以用自己的声音控制拍照、视频通话和辨明方向。

2013年10月30日,谷歌又在Google+上发布了第二代谷歌眼镜的照片。第一代谷歌眼镜使用了骨传导技术为用户播放声音,而新产品则新增了耳塞。除此之外,谷歌还表示,新产品将兼容新款太阳镜和各种视力矫正眼镜,其售价高达1 500美元。

谷歌眼镜的重量只有几十克,尽管如此,它仍然内置了一台微型摄像头,还配备了头戴式显示系统,可以将数据投射到用户右眼上方的小屏幕上,而电池也被植入眼镜架里。

这是一款神奇的眼镜,它将我们带到了刚刚起步却异乎寻常的增强现实型穿戴式计算机时代。

可穿戴设备即直接穿在身上，或是整合到用户的衣服或配件的一种便携式设备。可穿戴设备不仅仅是一种硬件设备，更是通过软件支持以及数据交互、云端交互来实现强大的功能，可穿戴设备将会对我们的生活、感知带来很大的转变。

在贝丝-以色列-迪肯尼斯医疗中心，急诊部门开发了一个基于谷歌眼镜的原型软件。医生只需要扫描一个代表病人的二维码就可以快速获取病人的病史和目前健康状况。

医疗中心的CIO John D.Halamka这样解释它的工作：当医生走进一个急诊病房，他（她）只需要看一眼贴在墙上的条的形码，谷歌眼镜可以迅速定位到房间，然后ED仪表盘会把那个房间病人信息发送到谷歌银镜上，并最终显示在医生眼前。这样，医生可以结合谷歌眼镜的查询结果与病人进行交谈，查看相应的检测结果，有针对性地进行治疗。

说到可穿戴设备，我们都会自然地想起谷歌眼镜、三星Galaxy Gear智能手表等。除此之外，市场中还有一些智能腕带、健身应用的产品，但在专家看来，这仅仅是一个开始。

"互联网女皇"玛丽·米克在2013年互联网趋势报告中称，智能可穿戴设备正作为一类重大科技变革而兴起，将像20世纪80年代的PC和目前的移动计算及平板电脑一样推动创新。

一名谷歌高管称，就可穿戴式技术而言，它的发展才刚刚开始。谷歌Chrome、Android和应用程序高级副总裁桑达尔-皮查伊(Sundar Pichai)称，可穿戴式设备不仅包括智能眼镜或智能手表，而且包括任何植入传感器、收集和传输数据，从而更好地为用户服务的设备。至于可穿戴式设备市场，"我们才刚刚触及它的表面。"他说。

皮查伊声称，谷歌并未将可穿戴式设备狭隘地理解为智能手表、健身腕带或谷歌眼镜。任何可穿戴式技术——不管它是植入你的夹克里还是鞋子中——都是谷歌的研究对象。这就是谷歌希望看到的"联网自我"；谷歌需要开发者开发出必要的应用程序来实现这一目标。

MWC2014上，三星、索尼、华为、高通、富士通、英特尔等厂商纷纷展示了可穿戴设备或解决方案，这让原来一直在MWC上担任主角的智能手机成为陪衬。

↗ 车联网：下一个风口

什么叫智慧城市？中国工程院副院长、国家信息化专家委员会副主任邬贺铨说，一个定义是运用智能技术，使城市的关键基础设施通过组成服务，使城市的服务更有效，为市民提供人与社会、人与人的和谐共处，智慧城市本身就是一个网络城市：人与人之间有互联网，物与物之间有物联网，车与车之间有车联网。

车联网就是汽车移动物联网，是指利用车载电子传感装置，通过移动通信技术、汽车导航系统、智能终端设备与信息网络平台，使车与路、车与车、车与人、车与城市之间实时联网，实现信息互联互通，从而对车、人、物、路、位置等进行有效的智能监控、调度、管理的网络系统。

2013年2月25日至28日在西班牙巴塞罗那举行的移动世界大会上，华为展出了前装车载移动热点DA6810和汽车在线诊断系统DA3100，以及符合汽车标准的3G、4G通信模块，丰富的车联网解决方案及产品能解决汽车信息化的问题，给汽车插上移动互联网的双翼，为车主带来愉悦便捷的驾乘体验，也为汽车行业带来新的发展商机。

2014年3月，苹果发布了iOS 7.1正式版，是继iOS 7正式发布后的首个重大版本更新，其中一大亮点就是支持连接智能车载系统CarPlay，只要将用户的iPhone连接到启用了CarPlay的汽车，可支持"电话""音乐""地图""信息"和第三方音频应用程序，并可通过Siri、汽车触摸屏进行控制，为CarPlay提供了操作系统的支持。

互联网、移动互联网、地图、车载导航、软件、硬件，这些看起来不同的领域，如今却被业界打造得彼此"难分难舍"。

当车联网时代真正到来，堵车大大缓解，燃油消耗下降，碳排放降低，交通事故减少……人类生活将迎来如此美好的场景。

到2020年，互联汽车会发展到什么地步呢？是否具备夜视功能？能否通过呼吸检测仪自动进行酒精检测？会不会提供虚拟模拟驾驶或其他先进功能，如通过远程控制练习驾驶者的反应时间等。想必，随着车联网的到来，这些畅想早晚都将变成现实，特别是物联网已经全面渗入汽车行业，为这个行业的创新和演变提供了更多可能。不过，现在的很多Telematics服务还体现不出车联网的概念，无人驾驶汽车也不能完全智能化。对于创业者来说，还必须突破盈利模式不清晰、用户规模太小、市场碎片化、语音搜索不够实用的藩篱。

如今不少互联网或IT企业及创业者跨界到地理信息位置服务中来，且进入到汽车领域，如苹果、谷歌、微软、百度等，这在一定程度上促进着汽车工业的变革。一些汽车厂商和地理信息厂商也已意识到这是一股无法抵御的潮流，开始主动作出改变，尝试着让汽车看起来不再是毫无感情的工业产品，让地理信息数据不再躺在"闺中"等待数据老化，而是主动迎接新事物，拥抱移动互联网，开发出更智能、更具人性化、更新鲜的产品来。

智能化生活：当今世界最前沿十大可穿戴设备

1.GolfSense手套

除了手套上的传感器，GolfSense与普通的高尔夫手套别无二致。

GolfSense可以监测到佩戴者挥杆时的加速度、速率、速度、位置以及姿势，可以以每秒钟1 000次的运算速度来分析传感器所记录的数据。得益于此，GolfSense可以计算出佩戴者是否发力过猛、击球位置是否正确、姿势是否规范等问题，从而提升佩戴者的高尔夫球技。

2.铁道导航手链

该手链由全球知名导航服务提供商Frog Design精心打造，可为佩戴者提供及时的导航信息，包括列车的达到时间、下一站的站名、换乘等信息。

3.Instabeat游泳镜

Instabeat是一款可以通过颞动脉记录佩戴者心率的游泳镜，它可以通过镜片上投射各种警示颜色的方式来告诉佩戴者离自己的既定目标还有多远。此外，Instabeat游泳镜还可以记录佩戴者热量的消耗、游泳的圈数和在泳池中的转身次数，并将这些数据同步到用户控制中心，记录佩戴者每一次下水的进展。

4.Pebble智能手表

Pebble是一款全面制定化的智能手表，它可以通过蓝牙技术与iPhone或者安卓移动设备相连，功能相当丰富，可以充当GPS定位器，亦可以作为音乐播放器。此外，它还可以接打电话、收发邮件、收发短信、日历提示、接收Facebook、天气以及推文信息。预售价150美元。

5.Smarter Socks智能袜子

是的，这不是普通的袜子。Smarter Socks搭载RFID芯片，可以确保准确配对，且不会掉色。与Smarter Socks匹配的APP名为Blacksocks，它的作用是扫描袜子，让iPhone与袜子进行连接。如果你喜欢将袜子攒到一起洗，洗完之后通过扫描袜子的分拣机，那么Blacksocks就会告诉你哪两只袜子才是一对儿。Smarter Socks可不便宜，这一套产品售价高达189美元，包含Smarter Socks相配合的10双袜子（共有黑、棕、蓝、灰四种颜色）。

6.Glove Tricorder手套三录仪

这套医疗智能手套搭载的传感器系统包括一个加速器、一个压力器和一个温度模块，手套指尖还配备有超声波探头，可检查患者体内健康状况，尤其是体内的恶性肿块。

7.孩子们的智能睡衣

Smart PJs是一款专为儿童量身打造的互交式睡衣，衣身布满各种圆点，其工作原理类似于二维码：家长可以用智能手机扫描这些圆点，孩子的睡眠状况便可以显现在手机屏幕上。Smart PJs智能睡衣售价25美元，适用于1~8岁的儿童。

8.Lumoback智能腰带

Lumoback是一款可以改善佩戴者坐姿的智能腰带，当用户坐姿不当时Lumoback便会震动以示警示。Lumoback与手机上的APP应用无线连接，可实时记录佩戴者的坐姿和日常活动状况。售价149美元，支持苹果的iPhone 4S以上机型，iPad以及iPod touch平台。

9.MindWave Mobile

MindWave Mobile是一款适合iOS和安卓移动设备的脑电波读取设备，号称可以让用户用意识控制游戏。这款看上去像是一台耳机的设备非常神奇，它可以利用用户前额位置的传感器来读取用户的脑电波数据，从而推断佩戴者的精神状态。

10.Jetlag Light时差综合征治疗仪

Jetlag Light出自澳大利亚著名睡眠研究公司Re-Timer之手，是一款改善睡眠质量的可穿戴设备，它可以通过软件控制的绿光来调节佩戴者的生物钟。Jetlag Light适用于经常需要倒时差的商旅人群、普通的失眠人群以及冬季抑郁症患者。

第八章 移动APP创业模式

APP成就店铺的"二次创业"

APP是英文APPlication的简称,特指智能手机的第三方应用程序。预计2016年中国移动应用注册用户数将达到6.3亿,这一数字无疑投射出我国3G业务市场的迅猛发展,在中国超过9亿的手机用户规模中,手机上网用户已经突破了4.5亿人,且这一比例还在持续上升。这些数据告诉我们,是否已经进入APP时代虽然还不能妄下断言,但随着智能手机的发展,手机APP已渐渐成为移动互联网营销传播的新渠道,这是不争的事实。而APP营销已经成为现代企业进行营销的一种重要手段,对于店铺营销来说,同样要看到APP营销对于店铺发展的重要意义。

APP营销即应用程序营销,是指通过定制手机软件、SNS及社区等平台上运行的应用程序来开展的营销活动的总称,当前的APP营销多指第三方智能移动平台的应用程序营销。与传统移动媒体营销相比,APP营销拥有无可比拟的优势。传统移动媒体主要是以短信形式为主，让消费者被动接收产品或品牌信息，而APP营销是企业将产品或品牌信息植于应用制作，通过用户自身主动下载，在使用应用的过程中达到信息传播。这也是店铺要把APP当成店铺营销新渠道的重要原因。具体来说，店铺利用APP开展营销有以下4种好处。

1.精准性高

APP一般都是用户主动下载的，如果用户下载了店铺APP，就说明用户对店铺有兴趣。而APP都会提供分享到微博、微信等社交应用的功能，这就能够影响具有同样兴趣的目标群体。同时，APP还可以通过收集手机的系统信息、位置信息、行为信息等，来识别用户的兴趣、习惯、收入水平等数据。这些数据就能让店铺开展精准营销。

2.用户黏性强

互联网的发展带来了智能手机的飞速发展，手机已经成为现代人生活中不可缺少的一部分，甚至是在上厕所时还拿出手机把玩。被用户下载的店铺APP会一直在用户的手机里，用户就会经常在翻看手机的时候注意到店铺的APP，这样就能不断加深用户对店铺的印象，从而增强用户黏度。

3.互动性强

APP与以往的营销媒介来说互动性更强，APP具有文字、图画、视频等，能够为用户带来前所未有的互动体验。而且，APP还打开了店铺与人的互动通道，通过在内部嵌入社交平台，使正在使用同一个APP的用户可以相互交流，这种互动式的交流能够提升店铺的口碑与用户的品牌忠诚度。

4.便捷性高

与传统营销模式大有不同，便捷是手机营销的最大亮点。利用随手就能获得信息的手机APP进行营销，可以让用户轻松接受，信息受众面也很广。手机APP软件不再受时间、地点的限制，APP制作能够为企业提供完全契合其产品特点的整套营销推广服务，同时，还能帮助店铺为其进行移动端的客户管理。对店铺来说，带来的是整套营销APP推广。于客户而言，提供的是便捷的随身服务，从而促使客户与商家之间建立起紧密的联系。

从中我们不难发现，APP营销对于店铺发展具有很大的促进作用，但是店铺要想利用APP营销取得良好的效果，就要注意到以下三点。

第一，要明白在互联网时代，营销的重点不再是出镜率与知名度，而是趣味与创意，是优质的内容。让用户在快乐和享受当中发现自己的潜在需求，他们自然会选择你的产品。

第二，要频繁地发布一些有趣的段子，并积极和粉丝互动。长期积累下来，会拥有数量巨大的粉丝。有了这么大的活跃粉丝群，在推出APP或者其他营销项目时，就顺风顺水了。

第三，要在店铺APP营销时适时提醒用户的潜在需求，这种方式更加贴近用户的心理预期，不会产生排斥。同时，广告植入一定要选在能激起用户需求的时刻。要知道，用户喜不喜欢你的产品，不仅取决于他在事实上需不需要你的产品，也取决于他有没有意识到自己需要你的产品。

APP的设计要紧抓受众

一款成功的APP，既要符合自身品牌的定位和诉求，也要考虑到受众的使用黏性。

首先，在品牌的定位上，得先调研品牌、产品与消费者之间的关系，根据大数据分析挖掘他们内在的需求和兴趣点，并与能抓住目标人群人性的某些元素结合，如好奇、自负、懒惰、嫉妒、善良、健康、分享、娱乐、贪食、虚荣、愤怒等。定位的成败关键在于与产品的贴合度，要既能适合品牌或产品，又能很好地满足用户的需求。

其次，需要考虑如何让受众接受这款APP。由于消费者和用户对品牌

APP的理解已经从好奇上升到熟悉,并且成为用户了解和接触品牌的必需途径,因此,分析消费者和用户的行为,挖掘他们内在的需求和兴趣点,是APP创意与品牌结合的重点。

图9 商街品牌美特斯邦威APP首页

美特斯邦威是最先巧用APP的传统企业之一（如图9所示）。2010年5月，美特斯邦威找到刚成立不到2个月的耶客网络，希望能够为自己的新品牌ME&CITY做个移动端的APP。美特斯邦威将ME&CITY定位为高校毕业生进入社会后的服装，希望能够将整体产品生命周期延长。

耶客CEO张志坚认为，即使2年后来看，这款APP仍有许多值得传统厂商学习之处。该APP契合了ME&CITY的品牌精髓和国际化的定位。在设计师用线条勾勒出的美轮美奂且可以移动的伦敦街景中，有游乐场、点击可以看Fashion Show视频的电影院、音乐喷泉，以及站在店铺门口的ME&CITY代言人奥兰多·布鲁姆，整个绘画精致到美特斯邦威将其同时也用作自制明信片的图案。

精致的图片能够让用户停驻一段时间，但如何让用户每天都会上APP呢？该APP的主旨便是让其成为消费者生活的一部分。在iPhone日历比较简陋的状态下，ME&CITY的APP有着制作精美的日历、记事本和天气预报等日用小工具；更有大量娱乐用户的小游戏，比如搭配衣服的试装游戏，以ME&CITY各款新装为元素的连连看小游戏等。

下面是几个比较有口碑的企业APP。

1. 星巴克手机APP"闹钟"

早上起床没劲动，总是赖床误事，星巴克推出一款别具匠心的闹钟形态的APP EarlyBird（早起鸟），用户在设定的起床时间闹铃响起后，只需按提示点击起床按钮，就可得到一颗星，如果能在一小时内走进任一星巴克店，就能买到一杯打折的咖啡……

千万不要小看这款APP，他让你从睁开眼睛的那刻便与这个品牌联系在一起。此款APP创意或许是2012年最成功，也是影响力最大的创意APP之一。

这款APP，对于星巴克来说，担纲着品牌推广与产品营销的双重重任。清晨的一杯折扣咖啡，反映的正是星巴克多年来积极与用户建立对话渠道的缩影，以提醒他们从睁开眼睛的那刻便与这个品牌发生关联，同时还兼具了促销的功能。指点传媒表示，这款实用的APP是星巴克众多案例中的经典之作。

2. 可口可乐手机APP "CHOCK"

透过电视广告与手机互动，与用户做贴近的新型互动体验。

用户下载此款APP后，在指定的"可口可乐"沙滩电视广告播出时开启APP。当广告画面中出现"可口可乐"瓶盖，且手机出现震动的同时，挥动手机去抓取电视画面中的瓶盖，每次最多可捕捉到3个，广告结束时，就可以在手机APP中揭晓奖品结果，奖品都是重量级的，如汽车之类的，吸引力很大。

此款APP品牌营销创意也使可口可乐攻破传统电视广告与线下用户互动的难题。

3. 宜家手机APP "定制自己的家"

这是款可让用户自定义家具布局的APP，用户可以创建并分享自己中意的布局，同时可参与投票选出自己喜欢的布局，宜家还会对这些优秀创作者进行奖励，利用个性化定制营销来达成传播效果，对线下实体店来说，APP往往不是最好的销售工具，但是往往是弥补线下体验短板的工具，通过APP打通会员营销、体验与服务体系。

任意一款较创意的APP都离不开这些元素，好奇、自负、懒惰、嫉妒、善良、健康、分享、娱乐、贪食、虚荣、愤怒等。针对每个需求点都可以创作很多APP，创意的成败关键在于与产品的贴近程度，适合自己公司和产品、满足用户需求的才是最好的。

店铺APP营销四大模式与策略

店铺APP营销要想取得良好的效果，就必须有优秀的营销模式，而店铺

APP常见的营销模式一般有4种：用户参与模式、植入广告模式、购物网站移植模式、目录营销模式。

1. 用户参与模式

这种营销模式主要指的是店铺把符合自身定位的应用发布到应用商店内，供智能手机用户下载，用户利用这种应用可以很直观地了解店铺的信息。用户是应用的使用者，手机应用成为用户的一种工具，在这种营销模式下，用户可以深入了解店铺及其产品，增强产品信心，提升品牌美誉度。

这种模式对于店铺APP营销来说具有很大的好处，但同时也有一定的缺点，因为这样的模式需要店铺在制作自己的APP时在前期投入较大，然而在后期却不需要做投入，这对店铺APP营销是有推动作用的。

2. 广告植入模式

植入广告是APP营销当中最常见的模式，店铺通过在功能类、游戏类APP中植入动态广告链接的方式打广告，用户点开链接就是店铺的介绍、销售页面。这种APP营销模式对于店铺营销来说是有很大的推动作用的。

靠植入广告的方式来进行APP营销取得良好效果的案例有很多。美特斯邦威就是其中的一个典型。利用社交应用APP植入广告，服装品牌美特斯邦威在一个月时间内，其新品服饰推广就收到2.8万多份参赛作品，其中符合参赛标准的1.5万多份作品获得了28万多人投票，也就是说，平均每个作者要发动18个好友投票，产品信息也就被传递了18次之多。通过这个案例我们不难发现广告植入模式对于营销推广所起到的巨大作用。

就此我们可以得知，店铺在高人气、娱乐性强的APP中合理植入广告品牌信息，借助APP的人气及流量，根据自身的品牌定位和产品的属性，定制新的APP应用，这样就能让店铺与消费者建立良好的互动关系，使店铺获得更有效的客户群。

3. 购物网站移植模式

这种模式基于互联网上的购物网站，是购物网站的手机APP化，简单地说就是把店铺按照购物网站的方式以手机APP的模式搬到手机上来，因为手机可以随身携带，所以用户可以随时随地浏览店铺的网站，从中了解查看店铺的信息、产品的信息，以及相应的优惠活动。如果开通了支付功能，还可以在手机上进行购买、支付。在这种APP营销模式下，顾客可以方便快捷地查找自己需要的信息，并快速完成购买行为。这对店铺的顾客维护、促进销售是非常有利的。

4.目录营销模式

目录营销是指运用目录作为传播信息载体，并通过直邮渠道向目标市场成员发布，从而获得对方直接反应的营销活动。严格意义上说，目录并不是一种独立的直复营销媒介，它只是直邮营销的一种特有形式。

对于消费者来说，目录营销的好处，首先是能够选得仔细、买得方便。同时，目录销售还向人们传播不一样的生活方式。相比传统实体店、商场和超市等，消费者通过目录销售购买商品，不仅省时，而且省钱。对于店铺来说，采取目录营销不仅省去了店面投入一块，而且其效果比一般广告还要好。在广告市场日益拥挤的今天，一次广告投放很难完全展示一个品牌，但是目录营销却不一样。因为它可以详细地介绍几十种乃至上百种商品的信息。除此之外，印制精美的目录，令人赏心悦目。由于目录一般使用上档次的纸张印刷，而且图文并茂，综合运用美术、摄影和色彩技巧，利于对顾客产生感情诉求，敦促其作出购买决定。

而店铺可以充分利用目录营销的方式，把商品编号、规格、尺寸、颜色、店铺名称、通讯地址、邮编等制作成目录。并且结合目录推出手机APP，这种营销模式对于店铺的发展是非常有利的。

店铺在利用APP进行营销的时候，除了要掌握好店铺APP营销的四大模式外，还要掌握APP营销的三大策略，店铺开展APP营销的策略通常有以下三种。

1.刺激用户参与，积极互动

社会化网络时代用户的行为已经不再是简单的接受来自店铺的直接

营销宣传，而是从自身需求出发，透过对自身的全方位分析，评估可购买性，以此决定最后的购买行为。店铺APP营销注重的是这种与消费者深入的对话，任何店铺在开展APP营销的时候都应该清楚了解用户的行为习惯，依靠什么样的方式刺激用户参与，采用什么样的方式积极与顾客展开互动。

也就是说店铺在进行APP营销的过程中，只有深入挖掘用户需求，准确把握用户所想、所求，引发用户心理互动，才能最大限度地引导其参与其中，成功地向用户进行营销。事实就是如此，谁能充分利用消费者碎片化的APP使用时间，最大限度地与用户进行随时、随地、贴心的交流，谁就能在互动中达到拉近与消费者距离的目的，抢占APP营销的先机。

要想真正刺激用户参与，积极互动。就要让用户看到利益，也就是说店铺要站在用户的立场上，诱导用户拥有产品的利益与收获，以及不买的种种遗憾，达到激发用户购买欲望的目的。除此之外，要懂得用优惠信息、打折活动等刺激用户参与的欲望。

2.要突出实用性，以吸引用户

对于店铺APP营销来说，体现店铺产品的实用性是最重要的。这就涉及店铺产品的设计，现在的店铺经营者常常会打造重外表不重内在的产品，认为唯有这样的产品才能吸引用户，然而真正能够吸引用户的是产品的功能，即产品能够解决用户具体的需求。用户购买产品最想获得的是产品的实用性，产品实用性强才能最大限度地吸引用户，基于这一点做店铺APP营销才能获得成功。

不但产品本身要注重实用性，店铺APP同样要注重实用性。店铺APP要想具备实用性，就要做得比较全面，具体来说就是将店铺指南、优惠信息、停车场、休闲游戏等众多功能于一体，向用户清晰地展现每一层的位置分布，细分到安全通道、电梯等。还可以通过APP设置停车场服务，具体方式是在停车场内设置多个二维码，用户只需要通过APP扫码就可以方便地在取车时找到自己车辆所处位置。这样便捷的店铺APP服务，实用性是非常强的，能够吸引用户，促使用户到店消费。除了这些实用性外，店铺APP还需要能够为用户的学习、工作、生活带来便捷。这些实用性对用户也具有很强的吸引力。

3.把握用户心理，引起共鸣

店铺开发APP的目的就是要用户去使用，因此在用户还不知道店铺APP的时候需要通过营销手段把APP信息传达给用户。而在营销推广的过程中，最明智的方法是把握用户心理，引起用户的共鸣。店铺在进行APP营销的时候一定要把握用户的使用心理，深入挖掘用户需求，把运营做精细。只有引起用户的心理共鸣，店铺才有机会向他们推荐自己的产品。

比如，品客薯片有一次为配合音乐节的到来量身定制了一款APP，整合事件营销，借势一年一度的夏季音乐节，利用音乐节的热潮与这款APP的推出来促销自己的薯片。这款APP就是针对用户需求、喜好而进行营销的。它极大地满足了用户追求欢乐、轻快的生活方式，乐于分享的心理诉求，激发了消费者与品牌的共鸣。正是因为把握了用户的心理，让品牌与用户产生了心理上的共鸣。

就此我们可以得知，店铺在进行APP营销时要在引起共鸣上下功夫，而要做到这一点就要抓住目标人群兴趣点的元素相结合，比如好奇、自负、懒惰、嫉妒、善良、健康、分享、娱乐、贪食、虚荣、愤怒等。

服务类APP，移动时代的"懒人"福音

姚先生是一家微型企业的老板，经过多年的创业打拼，终于存下了不少积蓄。许多年前，因为工作关系，姚老板经常会出入一些私人会所。在这些会所的角落里，他时常会发现一些制作精美的厚本杂志，里面满满印刷的，全是一些高级品牌产品的广告。

在等待客户时，姚老板偶尔也会拿起这些广告杂志打发时间。每当他看见上面介绍的知名男士用品时，也时常会被那些精美的广告语吸引，心中立即涌出一股不可遏制的购买欲。可是姚老板实在太忙了，当他放下杂志，与客户洽谈、会餐后，当初想要购买广告商品的激情早已消失殆尽。更何况，姚先生一直醉心事业，对购物一事完全不在行，就算他的购物欲依然存在，到底去哪里买这些东西，他也是完全不知的。

姚先生的例子，就是纸媒广告时期最典型的弊端，当客户看见广告时，做广告的商家看不见客户，当客户想购买商品时，商家也无法及时为他们进行指导。因为商家和客户的信息数据并不连通，因此信息的传递就这样出现了断层。不过，到了移动互联网时代，这些问题都将迎刃而解。而O2O营销模式，似乎也正是为了解决这种供求矛盾而诞生的。

如今，当姚先生再有闲暇时间时，他更多拿起的，早已不是纸质的广告杂志，而是捧起手机，连上无线网络，打开有关介绍手表或是红酒的APP软件。在看完一番鉴赏知识后，姚先生若是想要购买里面介绍的商品，便可立即让页面跳转到商品订单页面，让商家送货上门。如果他希望去实体店一览究竟，也可以按照APP软件中的地图指引，开车直达想去的目的地。此外，若是姚老板希望再次购买同样的商品时，也可以直接用手机扫描外包装上的二维码或条形码，再次获得商品信息。

姚老板认为，这些既能学到知识，又可以随时购买所需商品，还能提供各种售前、售后服务的APP，就像移动电子版的商务广告杂志，实在是太符合商务人士的"口味"了。不过，姚老板并不清楚，随着移动商务的发展，这种半服务半售卖的O2O式APP，已经逐渐"侵入"了大部分人的生活，而其内容所涉及的服务形态及行业，也开始变得多种多样。

在O2O时代，广告和即时消费密不可分。因此，无论任何服务类的APP软件，都会在其内部植入消费部分。如今在线上，人们可以一边在移动终端上打游戏、看书、浏览新闻，一边点击页面上的广告，继而直接被引导前往广告所述的消费页面；而在线下，人们也可以通过扫描街边广告牌下的二维码，进入到线上的消费"场所"。

所以，如今许多人都会戏谑地认为，O2O时代的来临，可谓全世界懒人的"福音"。因为在这个世界，只要有钱，我们甚至可以足不出户，就能将一整天的基本生活全部完成。关于这点，做外贸业务的王艳妮有着深刻体会。

王艳妮从事外贸工作，一年中的大部分时间都在天上飞来飞去。即便是不出差的时候，也时常忙得无法着家。然而，事业上再忙的女人，偶尔也需要体验一下家的温馨。尽管王艳妮还未婚，可一旦逮着能够"赋闲"在家的机会，她也会出去买几个小菜，再将房间收拾得干干净净，插上一瓶鲜花，让自己完全放松下来。

可对于一个下班时间和大部分商家都"不对点"的大忙人来说，梦想与现实多少还是有些差距的。如果是白天在家里，王艳妮还可以出门去买菜，可更多时候，当她下班回家，又或是从机场匆匆赶回时，早已华灯初上，就连去超市抢购特价菜的机会都没有了。

不过，当互联网经济迅速发展起来后，王艳妮的问题开始变得简单了。两年前，小区里建立了一个"家易购"的取物点，每当她要回家前，可以在网上先将瓜果蔬菜预定好，到家后直接去取物箱中拿出就可以了。

不过，王艳妮很快又发现了新的问题。如果她到家时间早，取了菜还有时间和精力做上一顿美美的晚餐，可更多时候，她下飞机后，到家都半夜了，此时又困又累，就算拿了菜回家，也多半不会下厨，而是随意煮上一碗泡面。再者，即便吃饭的问题解决了，可是出差回到家，也是满身疲惫，再看见满屋的灰尘，心中更是繁杂不已，更别提打起精神收拾屋子了。

在2014年年末，王艳妮的这个问题又得到解决了。因为她在手机应用里发现了一个家政服务APP。其中不但推荐了几家可靠的家政公司，更为客户的财产提供了保险措施。这个家政服务APP里，所有被雇佣的员工信息都非常详尽，各种证件也十分齐全。王艳妮看着这个APP，不由心动了。

一开始，她每次出差前，都将钥匙交给弟弟，然后在回来上飞机前，在APP里下订单，预约家政人员上门打扫房间，并要求他们将饭菜做好放在桌上。不过，对于更多并不太繁忙，却又不想做家务的人来说，他们大可不必像王艳妮这么麻烦，将钥匙交到其他人手中，而是在轻触手机屏幕后，安静在家中等待即可。

不仅如此，服务类APP的迅猛发展，更是见证了O2O市场逐渐精分、细化的发展趋势。如今，有越来越多更加专业、细致的服务，出现在了我们的手机APP中。例如，代驾APP。

自从"醉驾入刑"以来，"酒后代驾"服务就在各大城市迅速发展开来。以往，司机们获得代驾人信息的方式有三种：第一种，靠路边塞进车里的小广告，或是朋友介绍。可有时候出门走得急，广告小名片忘记带，又或是喝得昏天黑地，同行的朋友也根本不知去何处寻找"代驾人"，此时事情就会变得十分麻烦。第二种，让吃饭的酒店帮忙联系代驾，而不少大型酒店也的确有指定合作的代驾公司。可若是吃饭的地点并不在酒店里，此时也会遇上些许麻烦。第三种办法，则是客人在出门前便在网上搜寻代驾公司电话，喝酒之后再自行联系。

不过，似乎所有此类麻烦遇上了移动互联网，都会迎刃而解。如今，有了"代驾APP"，只要没有忘记带上手机，酒后连车带人被送回家，也是一件十分简单的事情了。当我们下载应用软件，登录后便会看见距离自己最近的空闲代驾司机。点击他们的名字，还能看见照片、名字，及各种详尽信息，甚至还能看见客人对各代驾司机的评价。

事实上，服务类行业因为天生贴近O2O属性，如今已成为各大电商争夺的"香饽饽"。如今，当人们打开淘宝移动客户端时，会发现突然出现的名为"淘生活"的选项。当我们点开这个选项，便会看到里面赫然出现了一系列生活服务的推荐项。其中不但包括家庭保洁、在线洗衣、家电清洗、家居保养等等O2O服务，更涵盖了有关汽车保养、法律维权以及婚庆策划等与许多人日常生活息息相关的服务项。

显然，APP已成为O2O营销必不可缺的，连接线上与线下的"通道"。若是没有APP的帮助，O2O的大部分项目都无法顺利完成。只是究竟如何利用各种APP应用，让线上与线下的连接通道更加通畅，O2O的营销人员尚在不断努力探索。

西门子时尚厨房：用户凭什么用你的APP

创业者们一定要牢记：对于APP用户来说，其实用性是最重要的。谁都不喜欢自己的手机屏幕被各种图标占满，因此，手机用户会谨慎地选择保留哪些APP，不实用的APP即使被一些用户下载了，在试用一段时间后也一定会被删除。多数手机用户希望自己下载的APP能为自己的学习、工作、生活带来便捷。所以，社交通讯、阅读资讯、导航地图等APP一直是最热门的。

这方面我们可以来看一个例子。世界最大的电器公司之一西门子就把营销目光瞄向了移动APP，究竟如何将电器与实用APP结合在一起呢？西门子公司决定不直接宣传自家电器，而是以"吃"为切入点，将其产品悄悄潜入到菜谱介绍当中。

西门子开发的这款APP叫作"西门子时尚厨房"，是一款生活应用类软件，实用性很强。它在软件介绍里就充分强调了自己的实用性："你能想象有朝一日，因为有它……你无须再翻阅纸质菜谱，弹指之间便能烹制精致美食；你的厨房从此与众不同，成为你时尚家居生活的中心!"它最初发布的版本共有五大板块：推荐菜谱、视频饕餮、定制食谱、时令美食和微博分享。在积累了相当的人气后，才在后来新发布的版本里增加了产品介绍和品牌直营店两个板块。

"西门子时尚厨房"介绍了各种美食的做法，从食材的挑选到每个烹饪步骤都十分详细，让用户不再为自己的厨艺感到烦恼。同时，它的设计也很精美，用户体验上佳。其内容分为四个方面，左上方是美食图片，右上方配有详细制作说明；左下方则是该美食的简介与材料说明，右下方则会推荐制作这款美食的厨具。

　　对一些比较笨的"小白"用户，该APP还在制作界面中设有视频讲解，进一步降低了用户的学习难度。所以，该APP一经推出，就受到了广大用户的追捧。

　　那么互联网创业者们从中可以得到什么启示呢？

　　1. 用诚意彰显品质

　　前面提到，APP营销的核心是提供实用性，而所谓实用，其实就是对用户的种种关心和帮助。"西门子时尚厨房"并没有机械地罗列不同菜谱，而是对不同菜谱进行了合理的分类，其"推荐菜谱"版块下还分了幸福烘焙、真味留恋、无火饕餮和最爱咖啡等子栏目，充分考虑到不同用户的口味区别。这种细致让用户感受到了西门子的诚意，同时，结合西门子厨房的背景图片，用户便在不知不觉中对西门子的厨具产品产生了"精致""高端"的印象。

　　2. 用户需要什么就提供什么

　　随着生活水平的提高，消费者愈发重视食品安全、生活质量方面的问题，人们对"享受"的欲望愈来愈强烈，因此，怎么"吃好"就成了很多人生活里的重要课题。消费者不仅要吃出美味，还要吃出健康。西门子就抓住这一点，精心为用户简绍美味、健康食谱，并根据节气等提供不同的时令美食推荐，真正做到了"全心全意为客户着想"。

　　3. 不是做饭，是培养感情

　　我们知道，营销在以理服人的同时，更要以情动人。人人都有七情六欲，都有丰富的感情，包括亲情、爱情、友情等，企业要想让产品容易为顾客所理解、所喜爱、所接受。最好的形式是通过营销来传递感情，令大众产生心灵上的共鸣。厨房是烹饪佳肴的地方，爱吃的中国人对厨房有着古老而深沉的情结，所以"西门子时尚厨房"在一开始就打出"敞开厨房，向老味道致敬"的口号，主动贴近中国的传统饮食文化。让用户通过老味道回忆起父母、童年的美好。这样，西门子厨具在用户眼中，除了精致，又有了温情。

4. 将APP与SNS结合

"西门子时尚厨房"有个版块是微博分享，用户可以通过此版块将自己喜欢的美食食谱分享到新浪微博、人人网、豆瓣网等社交网站，与好友进行互动。制作、享受美食是一件令人愉快的事，这种愉快人们很乐于与朋友分享，而这种分享就是最好的口碑营销。因此，在APP营销里，一定要记得留一个让用户连接其社交网站账号的端口。

第九章 跨界创业模式

↗ 创业最大的机遇来源于跨界融合

大品牌的跨界产品总能令忠实粉丝趋之若鹜。到范思哲去喝杯咖啡,去Prada的酒吧饮杯酒,约朋友在香奈儿的餐厅吃饭,乘坐阿玛尼的游艇,开LV的轿车……随着更多大品牌的业务延伸,这样的事情已经不再是异想天开。

Zippo中国首家服饰旗舰店2012年10月初在青岛万达广场开业,这也是Zippo在全球开设的第一家服饰精品店,即Zippo选择了中国作为其试水服装业务的首站。

"欧美消费者对Zippo的印象已有点固化,通常觉得Zippo就是打火机,而根据'环球企业家'杂志专家组的调研,中国消费者对新生事物接受度较高,对Zippo的印象也没那么死板。"Zippo创始人的孙子,现公司所有者兼董事会主席乔治·杜克(George B. Duke)对记者解释说,由于Zippo1995

年才进入中国，让中国的消费者接受Zippo的男士服装、香水、暖手炉等产品，要更容易一些。

Zippo的计划同样让人吃惊，他们希望到2013年底在中国开设15家这样的Zippo服饰店，2015年底共开设50家，而2017年这个数字将会达到80家。

同样在进行跨界尝试的还有诸多奢侈品牌，扎堆进入酒店、餐厅、咖啡厅等大众消费品行业。古驰（Gucci）在意大利佛罗伦萨和日本东京开了两家咖啡店。香奈儿也把Beige餐厅开在日本银座。爱马仕（Hermes）在韩国首尔拥有一家咖啡店，从建筑格调到一张纸巾都保持与品牌一致的设计感。Prada则于2008年底，在伦敦Angel地铁站旁刚开业了一家名为Double Club的酒吧。

这是"不务正业"还是未雨绸缪？品牌是否可以无边界地延伸和跨界？

要论跨界做得最知名和值得称道的，或许是以生产工程机械和矿山设备闻名的卡特·彼勒（Caterpilliar）旗下的工装皮靴及服装。

20世纪90年代初，面对工人们提出的在工作环境中，油污和粉尘无法避免，希望公司能配备一些不容易脏和损坏的工服和鞋子的问题，卡特·彼勒的高管们抱着试试看的态度，生产了一批耐磨、防水能力更好且安全舒适的工装鞋和服装。

意想不到的是，这些工装鞋和衣服一经推出，便备受工人群体乃至其他消费者的欢迎，几乎每一个美国工人都以拥有一双卡特·彼勒的鞋子作为他们的职业象征。在美国流行的关于卡特·彼勒工装鞋的故事：加拿大的一位穿着卡特·彼勒铁头鞋的铁路工人在施工时不幸被脱节的列车碾过脚面，能承受2 500磅压力的钢头破碎了，但是脚却毫发无伤……

卡特·彼勒为此专门成立了单独的部门负责此业务。1994年，卡特·彼勒正式和世界最大的制鞋企业狐狼（WOLVERINE）签署了5年授权协议，开始了狐狼4 000万美元营销项目。首批28款鞋于1994年春上市，到1995年底，卡特·彼勒鞋的全球销量由1994年底的190万双上升到320万双

（批发价值为1.44亿美元）。

2004年，小布什参加美国总统大选的时候，也专门穿了一双卡特·彼勒的经典工装鞋，其目的是为了争取明苏尼达洲矿产工人们的选票。

除鞋子之外，卡特·彼勒还拥有服装、玩具、游戏、图书、模型、视频等多个产品线，并统称为Gifts（礼物），时至今日，其鞋帽和服装生意已经实现了每年约10亿美元的销售收入。

随着市场竞争的日益加剧，行业间的相互渗透和融合，已经很难对一个企业或者一个品牌清楚地界定它的"属性"，跨界现在已经成为最潮流的字眼。

这是一个跨界的时代，每一个行业都在整合，都在交叉，都在相互渗透。

2002年末，史玉柱开始玩陈天桥的盛大公司开发的在线游戏《传奇》，并很快上了瘾。那时，他每天要花四五个小时泡在《传奇》里。在游戏里，史玉柱是个沉溺其中的玩家，但他从来没有失去作为一个商人的嗅觉和敏锐。他意识到："这里流淌着牛奶和蜂蜜！"

2003年，史玉柱将脑白金和黄金搭档的知识产权及其营销网络75%的股权，卖给了段永基旗下的香港上市公司四通电子，转身投向互联网。

2004年11月18日，上海征途网络科技有限公司正式成立，史玉柱始终认为，网络游戏的成功靠的就是两个：钱和人。史玉柱不缺钱，多年保健品业务积累和投资收益给史玉柱带来了巨大的资金积累，而恰好上海盛大的一个团队准备离开盛大并希望找一个合适的投资伙伴，他们为史玉柱送来了人。

史玉柱一开始就把游戏的玩家定位为两类人：一类是有钱人，他们有钱到为了一件能使其在江湖上有面子的装备，根本不在意价格是几千元还是几万元；另一类人没钱但有时间，一听说不用买卡就能打游戏，没有理由不往《征途》里钻。他首开了网游免费模式的先河。

2005年11月15日，《征途》正式开启内测。史玉柱如法炮制了保健品的推广方式，推广团队是行业内最大的，全国有2 000人，目标是铺遍

1 800个市、县、乡镇。在线人数一路飙升,到2007年时已经成为全球第3款同时在线人数超过100万的中文网络游戏,月销售收入已经突破1.6亿元。之后,巨人网络又陆续推出《征途2》《巫师之怒》等网游,获得了不菲的利润。

当时认为搞保健品的弄游戏纯粹是乱来,多少资深游戏人都给史玉柱的游戏下了一定不行的结论,结果呢?虽然今天我们说巨人似乎后续的产品也不见得多好。但是游戏行业公认的一点是,《征途》颠覆了游戏的传统商业模式,这个模式已经被人称为中国模式。而后续中国的页游,手游,都延续了这一模式,从按时间付费转为免费游戏,道具付费。

跨界竞争者,不受行业思维局限,敢于求变,一动手就颠覆你的商业模式,往往出其不意。

跨界:让"互联网+"上一切

马云说"银行不改变,那就改变银行"。2013年6月17日,阿里巴巴旗下支付宝与天弘基金合作正式上线余额宝。

支付宝与基金公司的合作模式为,支付宝用户将钱转入余额宝,即相当于申购了天弘增利宝基金,并享受货币基金收益。用户将资金从余额宝转出或使用余额宝进行购物支付,则相当于赎回增利宝基金份额。此外,余额宝内资金还能随时用于网购消费、充话费、转账等功能。

"我也用余额宝啊,我周围的同事都用。"谈起"余额宝",在中国银行总行工作的张先生说。

"年轻人手头没什么钱,又想做理财。相比于银行动辄几万元的下限,互联网金融可以说是零门槛。而且存取方便,收益率还比银行理财高。所以,虽然我是银行员工,我也要挺互联网产品。"张先生说。

"说实话,互联网产品出现之前,四大行格局基本稳定。竞争不足,所以服务态度也不是很好。但是,余额宝这样的产品出来以后,大家开始有危机感了,开始意识到,如果不适应市场,份额可能就会被逐渐蚕食。这倒逼着我们加强创新、提高服务质量。像我们银行,就新成立了网络银行部门。四大行也都推出了类似余额宝的产品,这就是改变。"

三巨头中的腾讯也于2013年8月初"下手",腾讯旗下的微信平台、财付通联手华夏基金,推出了对接华夏现金增利货币基金的"活期通"。同时,财付通开始绑定微信平台,以期在互联网金融领域抢占一席之地(如图10所示)。

图10　支付工具财富通业务介绍页面

除了传统的互联网公司纷纷染指金融,市场上还涌现出很多互联网金融创业公司。目前,包括京东金融、百度小贷、拉卡拉、融360、中关村互联网金融行业协会等近百家互联网金融机构，在网络借贷平台、第三方支付、金融电商、众筹融资、商业保理等互联网金融的细分领域掘金。

近几年，互联网界最热门的关键词是什么？不是"上市"，而是"跨界"。互联网跨界硬件，此前全球范围内除了谷歌之外还无二家。此前一向低调神秘的乐视网创始人贾跃亭，这次也一反常态地站在第一线为乐视呐喊助威，引起赞赏与争议并起。

几年前，很多人对乐视网还并不熟悉，但《甄嬛传》热播之后，这个获得《甄嬛传》网络独播权的网站也开始蹿红。现在，当你要买一台电视时，是否会心中嘀咕——要不要买一台乐视电视。

2012年9月19日，乐视网创始人贾跃亭，身穿黑色T恤和牛仔裤，第一次站到前台。他宣布："乐视将进军智能电视，研发生产'乐视TV超级电视'，并在未来1~2年中，投入5~15亿元巨资"。

尽管玩跨界又炫又时髦，这次宣讲还是被认为是说大话，忽悠。

而在2013年5月7日，贾跃亭再次站到前台，依然是黑色T恤、牛仔裤。这一次，他带来了产品——两款货真价实的电视：一台60英寸，售价6 999元；一台40英寸，售价1 999元。这一售价远低于市场同类产品。

"跨界创新一直是乐视的一个重要发展策略，这其中包括硬件创新、技术创新、体验创新、营销模式创新以及盈利模式创新。过去十年乐视的发展，就是基于用户不断进行跨界创新，这也是乐视生态布局的重要思想。"贾跃亭如是说。

互联网跨界者以前所未有的迅猛，从互联网领域进入另一个领域，企业的门缝正在裂开，行业边界正在打开，谁知道下一个被跨界者攻下的城池是哪一个？所以，传统企业家已经有所悟。

2013年，这一年互联网从金融到教育，从医疗到穿戴，"遇土而入，遇水而化"所向披靡，一一突破传统产业壁垒森严的边界。从产品形态、销售渠道、服务方式、盈利模式等多个方面打破原有的业态，几乎所有的传统行业、传统应用与服务都在借助互联网实现跨界融合，互联网与传统行业进入"核聚变时代"。

1. 互联网 + 金融

2013年互联网点燃了金融业的熊熊烈火，P2P、第三方支付、大数据金融、互联网金融门户、众筹，一波接着一波……普通大众携着千百万的"零钱"席卷而来，百度百发4小时销售额突破10亿，余额宝规模逼近2 000亿。让传统金融机构不安的是，在卷走银行储户的存款之后，移动互联网金融的手已悄悄伸向到传统金融业务的核心。

2014年互联网基金理财将持续火爆，最大的金融机构银行仅仅服务了2%的中小微企业，你可以想见未来面向小微贷款的互联网金融的想象空间有多大。激流之下也有沉沙，在P2P等细分领域，不合规和风控差的企业也将逐渐被淘汰。

2. 互联网 + 电视

2013年，一种叫盒子的东西让曾经势不两立的互联网和电视开始握手言和，让大家放下笔记本电脑重新坐回到电视前。这种盒子利用宽带有线电视网，集互联网、多媒体、通讯等多种技术于一体，突破互联网与电视之间的藩篱，不仅将互联网内容搬到更大的屏幕之上，还可以实现互动。

最早大力掘金该领域的是雷军的小米，在小米推出盒子后，5万台乐视盒子在58分钟内被一抢而空。爱奇艺联合创维，阿里巴巴联手华数传媒也相继推出各自的盒子产品。数据显示，2013年全国有线电视机顶盒用户突破了2.6亿，增长幅度超过20%。开局之战，小米、乐视暂时领先。2013年，价格战已经打到谷底；2014年，互联网电视的热潮还可以更火爆，但靠的将是技术的突破，服务的升级。

3. 互联网 + 教育

2013年，BAT三巨头中的两家百度与淘宝几乎同时发布了各自的在线教育产品——百度教育和淘宝同学。慧科教育推出在线教育平台开课吧，成为互联网教育的黑马。在电商、社交网络、移动互联逐渐成为竞争红海后，在线教育市场被当作互联网产业最后一片蓝海。有研究预计，到2015

年在线教育市场规模有望达到1 745亿元。

虽然俞敏洪判断：在线教育平台和工具创业项目99%都会死掉。但是，再狠的"危言"也阻止不了创业者们求胜的心，他们可能更在意他后半句话：剩下的1%，会变成特别有活力的教育公司——经历过春秋战国群雄争霸的时代，剩下的将一统天下。

4. 互联网+医疗

2013年，移动医疗异军突起，移动互联网与医疗这一长青行业展开对接，远程患者监测，视频会诊，在线咨询，个人医疗护理，无线访问电子病例和处方，足不出户即可看病就医。移动和医疗终端OEM厂商、应用软件开发商、系统方案商、ODM厂商、芯片和模块OEM厂商、网络设备提供商，这场对接将给其上下游带来难以估量的商业机会。俗话说："与人方便就是与己方便"，何况是与最舍得花钱的病人方便。

未来十年，是中国商业领域大规模打劫的时代，所有大企业的粮仓都可能遭遇打劫！一旦人民的生活方式发生根本性的变化，来不及变革的企业，必定遭遇前所未有的劫数！

跨界的，从来不是专业的，创新者以前所未有的迅猛，从一个领域进入另一个领域。门缝正在裂开，边界正在打开，传统的广告业、运输业、零售业、酒店业、服务业、医疗卫生等，都可能被逐一击破。

教育、医疗、旅游、家电、汽车、建筑等行业无一例外都将或早或晚或大或小受到互联网的影响，O2O、LBS等新商业模式也将纷纷涌现。同时，移动互联网和物联网等新兴技术的出现使得传统产业与信息技术的融合范围和深度进一步扩大，融合进程将加速推进。

进入互联网时代的发展新阶段，围绕用户需求和商业利益的最大化，不同领域之间企业跨界将成为一种常态。这是因为，互联网企业的开放平台，与传统实业的产业链制造、物流、服务能力进行对接后，可以释放出更多的商业空间。

跨界创业要考验你的"眼力"

跨界思维的提出，给大大小小的创业者们带来了无限希望，似乎一切都可以跨越。但事实上，这是一种错误的观念，跨界创业不能只考虑个人爱好，不能生搬硬扯，要考虑市场的需求，找准市场切入点。

首先，要找到可操作的行业。怎么判断一个行业是否能进入呢？我们主要考虑的是行业市场规模。这一点很重要，如果市场规模不够大，那么留给我们的机会也就很小了，而且如果市场规模较小，那么这个市场也很难实现快速的发展。对于跨界创业来说，前期的市场调查是至关重要的，对市场规模做一个准确的评估，能够帮助你降低创业风险，避免白白烧钱。

其次，你的目标行业是否已进入饱和状态。这是对行业现状的一个基本判断，如果一个市场已经进入了饱和状态，那么也就意味着你的进入风险加大了，除非你具有独特的优势，能够至少在某一方面比其他人做得更好，否则建议创业者还是不要轻易介入。这里有一个特别要注意的地方，如果你准备进入的行业正处在急剧的变革中，那么如果你能把握变革的方向，此时进入你就能掌握先机，甚至迅速进入到行业前列。

最后，对行业做综合分析。这部分内容包括行业的竞争状况、核心问题、行业周期等，只有做好了这一点，我们才能了解跨界之后都会面临哪些问题，应该做什么准备，以及用哪些方法解决问题。

总之，跨界创业一定要慎之又慎，不能只跟时下热点，盲目进入，你要有长远的眼光，并且多关注一些政策信息。

顺和酒行：从白酒到健身会馆的跨界合作

顺和酒行创始人、顺和酒业董事长马龙刚奉行"在白酒行业，资源拯救未来"的信条。只不过，他所说的资源并不是指政府、国企的公款消费资源，甚至也不是商超、烟酒店、餐厅店等传统渠道资源，而是看似和酒行业关系不大的健身会馆、汽车4S店、高尔夫俱乐部等会员制的服务机构。这些正是其目标消费群体聚集的地方。马龙刚将这些场所视为白酒目标消费群体的"生活圈"。

一次偶然的机会，顺和酒业董事长马龙刚发现可以通过资源交换的方式切入这个生活圈。当时他受朋友邀请到一家健身会馆打球，结识了会馆的老板。得知这个会馆只向会员开放后，他向这个老板提出一项诱人的建议："我给你带来100个新会员怎么样？"

最终的结果是，健身会馆给马龙刚100张价值1 000元的印上"顺和酒行"的会员卡，并在健身会馆提供场地作为顺和酒行的形象展示柜台；马龙刚则给健身会馆100箱价值1 200元的酒水，供他们作为会员礼品或招待使用。

这次的合作让马龙刚尝到了甜头：健身会馆的会员卡可以拿来回馈顺和酒业行会员，馆内的展示柜还能带动一些酒水销售。会馆也得到实惠：100个新会员以及他们转介绍来的朋友正好也都是会馆的目标人群，而用酒水作为礼品招揽其他新会员效果也不错。

用类似的方式，马龙刚还植入汽车4S店的车友会活动、房地产公司的客户答谢会、高尔夫俱乐部……在一次次的地面活动中，顺和酒行获得了与目标消费者直接交流沟通的机会，自己的会员数量也随之增长。

如果说生活圈是被其他酒商忽略的资源，"顺和万通卡"则是顺和酒行做的一件其他酒商即使想到，也未必能做的事。借用顺和酒行母公司其他产业的资源，马龙刚将万通卡在临沂落地的同时，挂上"顺和"之名，并打通山东高速ETC支持功能，使"顺和万通卡"成为一张集店面支付、顺和酒行会员及山东高速ETC功能于一身的多功能金融卡。

其实这就是所谓的跨界异业合作，就是通过别人的渠道别人的资源帮助自己做推广，这是一种非常普遍的推广方式，只要找到渠道共赢的方式和共同的客户群就能有效地完成资源的整合。

2013年11月6日，国内首家互联网保险公司——众安保险正式开业。

这家公司从筹备之初就备受关注，不仅是因为国内首家互联网保险公司，更因为其背后的股东光环：小微金融服务集团、腾讯、平安参股为前三大股东，业界戏称为马云、马化腾、马明哲"三马卖保险"。

根据马明哲的说法，"大家同属一个圈子的朋友，在聚会时，我向他们了解互联网，他们向我了解金融，一拍即合。"

更深层次的原因在于资源互补。对于互联网公司来说，如果没有线下资源配合，不可能顺利拿到互联网保险牌照并顺利展开业务。对于平安而言，则可以更好地利用互联网手段获取用户，加速在互联网金融领域的布局。

宏源证券副所长易欢欢评价，几家股东各自有优势：腾讯拥有海量的用户和社交关系，阿里巴巴拥有电子商务交易额，平安拥有综合产品能力。"众安保险是一个含着金钥匙的小孩。"

马化腾在启动仪式现场也表示，三家公司都有多年的经验，术业有专攻，通过合作，来发挥自己的长处和合作伙伴的优点。

第十章　在线教育模式

在线教育分割传统教育大蛋糕

今年夏天,像无数准备托福考试的学生一样,大三的王超也打算报课外辅导班来提高自己的英语水平。不过,与以往不同的是,这次他没有选择传统的课堂教学,而是购买了一套在线课堂,打算通过互联网进行学习,因为在他看来,在线教育的方式更经济、更自由、选择余地也更大。在今天,在网络已经普及到千家万户的中国,在线教育已经成为越来越多像王超一样的年轻人的选择。

在线教育即e-learning,是把教学地点搬到了"线上",以互联网为介质进行学习的方式,也被称为远程教育、在线学习。最早在美国,在线教育是很多大中型企业培训员工的利器。自1998年后,这股风潮逐渐席卷世界,从北美、欧洲发展到了亚洲。而在线教育之所以能风靡全球,主要是因为与传统教育模式相比,它有以下优势。

第一，从授课地点上来看，传统教育的授课场所基本是固定的，那就是教室；而在线教育的授课地点可能是一台电脑、一个平板、一部手机，你可以在家里、在地铁或公交上，总之，在你喜欢的任何地方学习你想学的知识。

第二，从授课时间上看，传统教育的课堂时间是事先规定好的，错过了上课时间或是上课时走了神就会落课；而在线教育的授课时间是自由的，你可以选择自己觉得方便的时间进行学习，还可以回放，不用顾忌落课的问题。

第三，从学习效率上看，传统教育的泛化模式是它永远无法克服的弊端，根本无法照顾到良莠不齐的学生层次；而在线教育的自主权在于学生自己，你可以针对自己的弱点，"哪里不会学哪里"，喜欢听谁的课就选择谁。

第四，从教育资源的整合上看，传统教育中的教育资源不均衡现象由来已久；而在线教育的网络化教学模式让教育资源突破了空间、距离的限制，让优秀的教育资源能为更多人服务。

在线教育多样化的形式引发了新一轮的教育爆点，在吸引了大众眼球的同时，也让人们看到了其广阔的发展前景以及其中蕴含的巨大商机。于是，在新东方、学而思、安博等传统教育机构陆续加大对在线平台的投入的同时，各类创业团队、互联网企业和风投公司也纷纷把目光投向这一领域，2014年，中国三大互联网巨头——百度、阿里巴巴和腾讯也开始投资在线教育。及至2014年年底，中国在线教育市场总规模超800亿元，到2016年，已超千亿元。

在线教育四大盈利模式

截至目前，国内的在线教育内容已经涵盖了学前教育、基础教育、职业培训、兴趣教育等多个领域，而对于创业者来说，在线教育的盈利模式大致有以下四种。

第一，出售网络课程。简单来说，就是制作适合用于网络学习内容的课件、软件出售。这种方式对课程内容的设置以及制作水准要求极高——内容要有针对性，要有专业的网页制作技术，而绝不是直接将线下课程搬到网上那么简单。只有内容优质，制作精良的课件才能吸引到受众购买。

第二，入驻第三方在线教育平台。对于很多创业者，尤其是中小教育机构或是个人来说，入驻现有的在线教育平台是最省时省力的方法。入驻平台后，有关课程方面的收入一般可以归个人或入驻机构所有，而作为平台，一般只向入驻者收取佣金（如图11所示腾讯课堂平台）。

不过，要提醒大家的是，如果选择了这种方式，就意味着失去了独立性，无法创建自己的品牌，同时，还要做好与更具明星效应的教育机构进行竞争的准备。

图11 在线教育平台腾讯课堂首页

第三，自建网校。所谓自建网校，即搭建自己的网络教学平台，选择这种方式的好处是可以拥有自己的域名、品牌，有利于项目的长期发展。自建网校的利润主要来源于线上的收费课程，如果网站发展较好，吸引来广告投入，那么，也可根据用户点击量或流量向广告商收取费用。

但是，值得注意的是，自建网校的成本比较高，除了要选对合适的、有潜力的项目，还要承担建站及一系列后期维护的费用，不论在时间上还是资金上都要进行长期投入，因此希望大家考虑自己的实际情况，量力而行。

第四，做专职"中介商"。这里所说的"中介"指的是平台，而所谓做专职"中介"商，指的是这种模式只提供平台，不生产内容，通过抽取入驻者一定交易金额的方式盈利，同时，平台也要负责入驻者的营销推广等工作。

目前，敢于以这种类似于中介商模式涉足在线教育行业的主要还是BAT三巨头。而对于其他人来说，这条路不是不能走，但显然并不好走，正所谓"三巨头走的行业你必须走，但是记住，要走不一样的模式。"

在线教育营销的四大利器

不管你选择了以哪种方式进入在线教育行业，迈进这个门槛之后你就会看到，在线教育的蛋糕虽大，却不是人人都能咬上一口，有人做得风生水起，就会有人门可罗雀。究其原因，除了占据根本地位的，也是在线教育的"干货"，即教学内容与质量的比拼，还要看你是否能运用好在线教育营销的四大利器。

第一，自媒体营销。打造自己的微信公众平台，根据用户喜好，发布教育类资讯、促销活动等信息。注意，推送的内容要言之有物，生动有趣。注册微博官方账号，发布有利于自己品牌的内容，借微博的开放性特点打造话题，同时积极利用微博的@、话题标签和转发功能，增加自己成为热搜话题的机会。

第二，培养KOL付费媒体。KOL，即关键意见领袖。说得通俗一点，就是我们常说的微信、微博大号。对于受众来说，KOL的影响力显然大于企业自媒体，因此，我们可以选择与自己产品或品牌属性比较契合的KOL进行合作，通过KOL发布的产品信息、试用感受或是软文宣传推广自己的品牌。当然，投放后也不要忘记做效果评估，看一下这种合作为自己带来了多少流量，多少注册用户和付费用户，以判断自己的推广费花的是否值得。

第三，兼顾UGC平台。UGC，即用户将自己的原创内容通过互联网平台展示或提供给其他用户。现阶段，可以供我们使用也比较为大家所熟知的UGC平台有豆瓣、知乎、贴吧还有各种论坛。以比较热门的知乎为例，我们可以在知乎上匿名提一些有关自己品牌的问题，引发人们的好奇心，增加曝光率；也可以回答相关领域内的一些问题，在这一过程中尽量巧妙地植入自己的品牌，引导正面舆论。当然，你也可以选择自建UGC平台，等对这一领域感兴趣的用户积攒到一定基数之后再进行宣传。

第四，名人营销。说起名人效应，在这个广告泛滥的时代没有人会陌生。因自身影响力，名人可以为产品与品牌打开知名度，甚至直接带来巨大效益，对在线教育来说也不例外。不过，想达到这一效果也必须遵循一个原则，那就是，要选择和自己产品理念契合度高的名人。

以在线英语教育机构vipabc为例。vipabc于2014年正式邀请姚明成为自己的形象代言人。而之所以选择姚明，除了其身高和影响力符合vipabc的国际定位之外，更是因为姚明在NBA英语学习中克服重重难关，最终从生硬到流利的经历本身就是对vipabc语言学习理念的最好诠释。而事实证明，姚明的确用自己的坚持与诚意唤起了无数语言学习者的共鸣，也让更多的人追随他一起选择了vipabc。正是因为之前的合作收到了良好成效，2016年8月，vipabc宣布与姚明续约，同时还进行了其他方面多角度、全方位的深度合作，希望借助姚明的力量进一步做大做强（vipabc页面如图12所示）。

图12　英语在线教育平台vipabc首页

↗ 新东方、好未来：互联网时代的教育直播

2016年是视频直播行业爆发的一年，从明星到网红再到普通百姓，视频直播几乎成了全民追捧的、最时髦的媒介形式。而作为视频直播的一部分，教育直播显然也迎来了自己的春天。意识到其中蕴藏的巨大商机，各路人马纷纷闻风而动，这其中，以传统教育巨头新东方、好未来为首，包括老师好、疯狂老师等在内的教育机构已经初步探索出了以下几种教育直播模式。

1. 双师直播

双师直播来源于早期的双师课堂，指的是一位老师在现场直播主讲，另一位老师再通过媒体设备能同步听讲的另一现场为学生进行辅导的教学形式。随着视频直播技术的发展，双师课堂就演变成了双师直播。

日前，新东方董事长俞敏洪明确表示，新东方会开始在一些中型城市大量布局"双师直播课"。而这正符合新东方一直以来向三四线城市发展的战略布局。

好未来董事长兼CEO张邦鑫也公开表示，学而思网校将全面转型直播。不过，与新东方不同的是，学而思把"双师直播课"的重点放在了既有校区城市上。以此解决学而思一直以来被家长吐槽的报名难现象，实现学而思优质教育资源的最大化共享。

2. 网红教师

师者，一直以来给人的印象都是端正严肃的，而随着视频直播的普及，教师的传统形象也开始变得轻松活泼起来，这一现象就是人们现在热议的"网红教师"。

今年9月，新东方在线推出了大型互联网教育直播秀活动——99网络学习节。这是一次网红教师的集体亮相，连俞敏洪也亲自为活动站台——网友可以通过新东方在线官网、一直播、斗鱼等网络直播平台收看俞敏洪等明星老师的直播视频。活动截止时，各平台的累计观看人次突破千万。

除新东方外，众多教育机构也表现出了对"网红教师"的极度重视。比如邢帅教育创始人邢帅曾在相关主题沙龙中呼吁过应在良好的生态系统中培养网红教师，而他本人也正在自己的网红教师这条道路上摸索前进，尽管过程很漫长，但邢帅仍对此信心满满。

而更"疯狂"的疯狂老师创始人张浩甚至声称要用打造明星的模式来打造和运营网红教师。在他的设想中，将来，要让兼备高颜值与优秀授课能力的明星老师们，通过疯狂老师推出的直播产品叮当课堂为线上的粉丝学生们直播课程。就像张浩自己说的，他正驾驶着实验的小帆船，在在线教育这片汪洋大海的新航道中不断探索前行。

3. "淘宝"课程模式

近来,淘宝教育也开始在直播业务上频频发力,先是采用全网营销的方式,助力张雪峰直播在线课程火爆网络,实现了观看人数超3 000万的惊人业绩。最近,又推出了免费直播工具——tblive,为淘宝教育平台上的商家提供创业支持。

此外,打造教育直播平台的还有李晓滨创办的老师好也通过C2C的模式为教师打造了教育直播平台。到目前为止,不只教育机构本身,还有一些综合性直播平台也看到了教育直播的广阔前景,纷纷切入这一领域。相较专业教育平台而言,这些综合性平台上的老师教学方式更具个性,内容也更多元化。比如斗鱼直播就推出"鱼教鱼乐"板块,课程覆盖范语言类、心理类、艺术类、职业技能培训、兴趣爱好等,范围十分广泛。

第十一章 "互联网+"生鲜创业模式

刚刚开始的生鲜电商之战

如果你自以为时常会网购手机、家电、服装,或是到淘宝上淘一些稀奇古怪的小玩意儿,就能自称是网购达人,那你可能真"OUT"了。殊不知现在在网上常淘像美国车厘子、英国深海三文鱼、澳洲大龙虾等进口生鲜才是新时尚。

最近听一个朋友说,在他开车上班的路上时常会看到各种生鲜运输的货车在拥挤的道路上穿行,而且就在他家小区附近的市场上也出现了一个生鲜体验店,这就勾起了他想要体验一把网购生鲜的瘾。

于是在一个悠闲的周末,朋友决定到小区附近的生鲜店去逛逛。不看不知道,走进体验店,朋友还真的被店里琳琅满目的生鲜给惊到了,店内不仅有平时人们常吃的扇贝、龙虾、螃蟹,还有各种从海外空运,通过国通的进口渠道,在数十个小时内送达的珍惜海鲜,其中最惹朋友垂涎的,就数三文鱼了。

据朋友介绍，店里的三文鱼看上去色泽新鲜，也没有什么异味，可是朋友在三文鱼摊变犹豫了很久还是选择了买些扇贝，原因是，他经常吃扇贝，也知道扇贝的味道差别不是特大，而像三文鱼这类生鲜他就拿不准它的味道如何，也不清楚什么样的三文鱼够新鲜，所以在再三犹豫下他还是决定买些扇贝。

听朋友说过这家店后，我也抽空去了一趟他们的店。和朋友不同，我在去这家店之前，特意在网上搜索了一下，还真有他们的网上店铺，从网上的销售数据看，这家生鲜店销量最好的也就是常见的虾、蟹、扇贝，三文鱼之类价格较高的深海鱼的销量却非常之少。本以为实体店的销售情况会有所不同，在询问了店里的工作人员后，我才知道，这家生鲜店线上和线下的热销产品基本一样。

为什么在海鲜城几片就能买上几十，甚至几百元的三文鱼在生鲜市场上的销量却不尽人意呢？看来生鲜市场的O2O现状，并不像一些业内大佬们所描述的那么前途一片光明。

在电商呈爆炸式出现的时候，生鲜市场一直处于空白状态，这就使得一部分人看到了商机，同时非常看好生鲜业。而且在这些人中，很多都是精英中的精英，优秀中的优秀，更重要的是，他们大多还都身份显赫。比如沱沱工社的CEO杜非，本来生活网的喻华峰，中粮我买网的胡天石等。

↗ "互联网+"生鲜创业，你准备好了吗

互联网生鲜市场太大了，即使电商巨头纷纷赶来分蛋糕，也还是有很多机会留给创业者。但是在此也要提醒创业者，要做好生鲜，特别是要使

生鲜市场走上O2O模式，并非易事。

首先，虽然目前做生鲜的商家较少，而且线上还没有太多真正专业做生鲜的大头，同时加上消费者又有这方面的消费需求，这就使得生鲜业成为一个竞争较少的领域。但是，就生鲜业本身来讲，也并不是随便哪里的商家都能做得起来的。生鲜类产品产地的局限较大，这就从商品本身的源头上注定了生鲜业不可能在全国遍地开花。

其次，即便产品供应信息可以在网上实现共享，但是，运输则成为阻碍生鲜业发展的又一难题。不说生鲜的冷藏设备和冷藏技术不是一般的电商能够承担得起的，就说运输这一条就很难实现。

你如何能做到在浙江40℃的高温下，将一条冰鲜的三文鱼安然无恙地从城东送到城西的客户手中？而同样在这样的气温下你又如何保证你从西北运过来的哈密瓜到了上海还能保持新鲜而不熟透？不是说不可能，但是运输的过程中你需要付出的损耗和风险远比普通商品要高得多。

即便是在生鲜行业有着得天独厚条件的顺丰优选（如图13所示），虽然在生鲜领域内占据着物流这一优势的条件，但是，冷链物流的高成本，依然使得顺丰优选不得不另寻更好的策略——缩短供应链。而要缩短供应链又何尝是一件易事？

顺丰优选缩短供应链的一招有效的策略便是，设立专门的采购部，进行直采业务。目前，顺丰优选已经在台湾成立了几十人的采购团队，负责选择商品和销售地。未来，顺丰优选将在香港、澳门、新加坡、日本、美国等地的物流点设立专门的采购部门，并派驻专业人员负责海外直采业务。现今，顺丰优选的产品品类从最初的5 000种增至上万种。

再次，生鲜行业走O2O还面临着另外一个难题，那就是生鲜产品和一些标准化产品不同，这些产品很难有统一的标准。从人体的感官角度来说，网上销售能解决视觉和听觉，却解决不了触觉、味觉和嗅觉。恰恰生鲜是最注重触觉、味觉和嗅觉的领域。但是，商家们很难让每个梨的甜度一模一样，很难让每块猪肉的肥肉和精肉的比率一模一样，你甚至很难让两条鱼闻起来的味道一模一样，你更难保证两块三文鱼的鲜度和口感一模一样。

图13 顺丰优选电商首页

所以，生鲜行业虽然不愁线上无人问津的问题，但是，即便是生鲜行业能够开出足够方便客户的O2O线下体验店，他们也很难保证可以对产品的体验和线上购物的消费体验是一样的，所以，生鲜业要做好线下体验服务难度较大。

在目前生鲜市场上，做得较好，资本雄厚的生鲜电商走的大多是这样一条路：生鲜采摘——运输车送到仓库——冷库保鲜——消费者下单——订单区域化处理——冷链物流运输——消费者收货。在这七大环节中考验的是企业整体的运营能力，其中任何一个环节出了差错可能就意味着这一批货全军覆没，甚至影响用户的消费体验。

为此，有能力的电商自建冷链物流，能力弱的电商只能借助第三方物流，而第三方物流往往不会"尽心尽力"，尤其是不同的生鲜产品对温度的不同要求。比如优谷大地背靠祐康集团，自建农场，自建冷链物流，建立祐驿站社区店，店内也配置冷链系统，进而保证生鲜产品的新鲜程度。

顺丰优选为了缩短供应链而不断布局的"嘿客"社区店，事实也正是在为生鲜"最后一公里"奋斗。

像顺丰优选这样的大电商有雄厚的物流基础和资本能力，但小生鲜电商可谓无农场、无冷链、无资本，这样的"三无"电商该想要在生鲜领域内分得一杯羹可谓难事。当然这也并非就意味着不可能。

如今在网上，很多规模较小的生鲜电商使出奇招，剑走偏锋从某一单品入手，主打干货或是对温度、湿度要求较低的商品。这样就能大大降低货物的存储和运输成本，进而保障利润。由此来看，在生鲜领域内O2O营销模式是否无所不能，还得靠电商们的摸索与创新，从自身的优势、当地产品特性和消费者需求等多方研究，发现一条最适合自身实力的道路。

国外互联网如何卖生鲜

自从互联网时代到来之后，电商成为冲击实体店的主力，而作为传统实体店的新出路，以线下和线上融合的O2O营销模式便开始被各行各业的人拿来研究和效仿。当然，作为现在国内电商触及较少的生鲜业也少不了要和O2O模式相融合。

从上述表述中我们不难发现，在国内生鲜市场还处于O2O模式的初级阶段，商业模式还不够成熟，那么我们不妨来学习一下国外生鲜业的销售模式。

Ocado（奥凯多），是世界上最大的网上食物零售商，也是英国最大的B2C零售商，于2002年1月正式商业运营，除了售卖生鲜外，也卖其他食物、玩具和医药商品等。2010年7月21日在伦敦证券交易上市。2010年，Ocado公司在线出售额达8.9亿美元，为欧美食物、药物类在线出售额的第二名，2013年，Ocado的在线销售额达12.3亿美元。

Ocado在生鲜领域内有哪些值得我们深思和效仿的呢？

1. Ocado的运营方式：B2C+O2O

Ocado（奥凯多）原本是英国的B2C网站，后来，Ocado还采用了O2O商业模式，与线下超市——占据了英国中高端超市商场的Waitrose超市协作，Waitrose超市为其提供线下消费体验、货物存贮、供货服务，Ocado为其提供在线效力。

此外，Ocado的O2O模式还在于其开展的一系列线下活动：在大街人流会集地设置虚拟橱窗，消费者用智能手机二维码扫码下单；装置触摸屏鼓动顾客购物；线下社区试吃活动。

2. Ocado的消费品种类

Ocado打造了绝无仅有的彻底独立的网络食物杂货店，专心于高端食物、生鲜、饮料和家庭用品。其中，生鲜类商品有自有品牌。鲜花、玩具、食物杂货、杂志等有其他品牌。其第三方途径商品，如家乐福的商品也可以通过Ocado途径出售。

3. Ocado的供应链方式

Ocado的供应链呈扁平化，其经营的商品中85%由供货商直接供应到运营中心，然后直接根据订单配送到客户家里。其在英国哈特菲尔德有295 000平米英尺的运营中心，15%的入库商品是由第三方超市配送。

4. Ocado的物流效力和技术

在物流技术方面，Ocado的物流中心作业选择标准化的盛具，流水线作业。有些物流中心还使用了机器人，来处置非食物类商品作业。在配送方面，Ocado的送货车，都是其自有定制的冷藏型奔跑卡车，能在次日送达客户的订单占95%，其间95%的订单能按时甚至提早结束，Ocado的订单正确率达99%。到2011年时，Ocado的配送效力掩盖到70%的英国家庭。

作为全球生鲜电商的标杆，Ocado的整个供应链的布局，对于中国的农商品生鲜电商有着重要的启示。Ocado的产品不仅类界分明清晰，而且在供应链方式上也有自己标新立异之处,在物流与配送技术上更是值得中国生鲜界学习和效仿。

看过了英国的生鲜巨头,我们再来看一下美国的生鲜界大佬能够为我国的生鲜行业带来怎样的启示和经验。

FreshDirect(生鲜直达)成立于2002年,是美国生鲜界巨头,主要为纽约市及周边地区提供生鲜在线订购服务。FreshDirect因为提供有机食物及当地所产食物而受到欢迎,其也提供大量的犹太教食物,同时也被认证为可持续海产品供应商。

FreshDirect(生鲜直达)是典型的稳健型企业,其特点在于:在进入市场之前,它会反复论证,然后才开始着手运作。2002年,FreshDirect(生鲜直达)成立后以纽约曼哈顿为中心慢慢向外扩展,直到2010年才向旁边的新泽西部分地区拓展业务。在稳定市场之后,FreshDirect(生鲜直达)的库存场地、冷冻链生产系统及物流配送系统都会迅速跟进,并采用先进的技术。

和FreshDirect(生鲜直达)稳健的全业务链不同,成立于1989年的PeaPod有着自己独特的经营之道。PeaPod是最早利用电子商务销售生鲜产品的几家公司之一,总部设在美国芝加哥以北不远的小镇司考基。PeaPod于1996年上线了官方网站peapod.com,正式成为网上生鲜商品售卖商。

和现在许多生鲜电商不同,这家公司把主要业务放在了网站开发和配送物流体系上而不是采购与仓储。这样的做法使它成为一个有效的网络外部采购者,工作集中在电子商务订单处理和送货方面。那么他们的商品又是从哪里来的呢?

这家公司拉拢了超过100家超市入驻公司网站,把他们打造成公司供货商。公司网站上收到订单后,便会与伙伴超市沟通自行购买、包装并送货。

这样一来,公司就可以不必为商品的采购、库存、保鲜等对资金、技术和设备要求较高的事务操心,从而把公司的主要精力集中在维护、改善网站功能和服务客户上。这种分包式的生鲜业O2O模式，有效地保证了PeaPod轻装前行。截止到2012年，PeaPod有1 800名员工，当年营收额为5亿美元。

当然，除了以上几家生鲜电商，国外还存在相当多的不错案例，而且不少新兴的生鲜电商也先后获得了融资。相比之下国内的生鲜电商具有成熟经营模式的不多，能把生鲜O2O做得炉火纯青的也不多，这是国内生鲜电商的缺陷，也是国内生鲜电商的机遇。不过，通过上述案例我们可以得出这样的结论：生鲜电商可以去做业务也可选取业务链中的几个环节来做。目前来看国内的生鲜电商已经积累了一定的线上经验，而在与线下的融合方面，则需要电商们多做思考，发掘新模式。

褚橙：一个励志的橙子

不可否认生鲜市场不好做，但是褚橙在网上卖得很火，而我在周边的超市转了几圈也没见到褚橙的踪影，于是也就随大流在网上购买了两箱褚橙，然后便一心等着吃橙子了（如图14所示）。

过了两天橙子如期送达，两箱褚橙，规格均为2.5公斤，一箱价格为64元，一箱价格为59元，平均每斤十几块。说实话买惯了超市里的平价水果，这网购的褚橙价格真的不便宜。虽然价格不菲，但是听说吃过的人都说好，自己也就不那么纠结了。收到橙子就想赶紧打开一睹褚橙的风采。

包装箱其貌不扬，和普通的包装箱几乎没有差别，只是在箱盖上印有"云冠橙"的字样和商标，箱体侧面贴有防伪二维码。用手机扫描防伪二维码，进入编码验证界面，显示"该产品第1次查询，请放心购买"。此外,每个"褚橙"上都印有编码,据介绍这些编码可以用来做产品产地追踪,只有合格的褚橙才会获得编码身份证。

图14 褚橙在线推广页面

打开包装箱,箱内放有一张折叠宣传页,首页上写着:"不犯轴,不成活""你跟褚时健一样来自轴星球?""热血?偏执?坚持?"等字样,这些冲击眼球的字,乍一看还真是让人感觉有些热血沸腾。翻开内页,里面有对褚橙的介绍,有对褚时健的传奇讲述,还有电商介绍、购物优惠券,以及其他活动的二维码。

看完这些东西,我早已经等不及剥开一个褚橙尝尝鲜了。如果说褚橙有什么不一样的话,给我的印象除了颜色偏黄,黄中带绿,再就是褚橙的皮薄易剥,吃起来清甜多汁,没有想象中的那么甜,但是褚橙的少渣无籽是我没有意料到的。吃完一个橙子,洗完手回来,感觉一股浓浓的橙香飘满了客厅。总的来说,这次网购还算成功。

同样是橙子,为什么有的橙子在超市只卖两三块钱一斤,而褚橙却能卖到十几块钱一斤?究竟是什么原因让云南的橙子可以以高价卖到北方,甚至卖到全国？

"褚橙"是冰糖脐橙的一种，为云南特产橙类，因由昔日烟王红塔集团原董事长褚时健种植而得名，结合褚时健不同寻常的人生经历，因此也叫励志橙，商业品牌为"云冠橙"。

褚时健是红塔集团原董事长，曾经是有名的"中国烟草大王"，后因贪污罪入狱。2002年，他办了保外就医。出狱后，年界75岁高龄的褚时健开始二次创业，一心开始种橙子，并整整坚持了不下十年。而"褚橙"的历史也不过两年。两年前，褚橙还只是普通橙子的时候，也就在云南一带销售，卖价也与普通的橙子无异，而如今褚橙可以说是飞黄腾达，变成了奇货可居的神器，销售渠道也越来越多。那么褚橙是怎样实现华丽转身的呢？

本来走网络销售的生鲜产品并不少，水果类这种对运输条件要求稍微较低的商品更是种类繁多，为什么褚橙不仅能够脱颖而出，而且成为生鲜商品中的名牌商品呢？

让褚橙火遍大江南北的是2012年本来生活网策划的"褚橙进京"事件，本来生活网是一家由南方系媒体人创办的新兴生鲜电商，凭借其深厚的媒体功底，采用网上销售的模式，并通过网络营销的手段在互联网上疯传。

和一般农产品的销售套路不同，在此之前，大多数农产品营销在挖掘产品卖点的时候，是强调其安全性，特别是有机生态农产品，还有就是强调营养价值和口味等。但是本来生活网则挖掘出来褚橙更加有特色的地方，那就是它的种植者褚时健的励志故事。

本来生活用其媒体的功底讲了切合时代脉搏的励志故事，一个85岁老人在跌倒之后二次创业，而且能够坚持十年就做一件事，这对惯于网购的年轻人来讲绝对是一个很大的精神鼓舞，因此有些网友在网络上调侃说：您吃的不是橙子，是励志的人生。

的确，褚橙的崛起不能排除其名人效应和励志的故事，但是仅仅凭借这些就能维持一种生鲜产品的长时间畅销吗？如果听说过柳桃、潘苹果的人或许就会明白，名人可以一时帮某一产品招来顾客，却不能长久地抓住顾客的心。

曾经有一个生鲜电商网上在促销期间推出了褚橙、柳桃和潘苹果的"三果志"。褚橙，就是指褚时健种的橙子；柳桃是指柳传志在投资大农业的战略转型中为农产品背书，冠名了"金艳果"猕猴桃；而潘苹果，则是指潘石屹家乡的花牛苹果，其目的是为了给花牛苹果打开销路。

然而在活动推出之后，褚橙销量一直处于领先地位，其他"二果"则渐行渐远，这也证明，褚橙的畅销不仅仅是因为名人效应。

抛开名人效应的因素，那么使得褚橙从云南走向全国的推动力就要数线下和线上的结合了，也就是O2O营销模式。不能否定把线下产品搬到线上无疑大大打开了褚橙的销路，但是有了这样一个出口，褚橙的销量就等于有保障了吗？事实上是否如此呢？

我们都知道网上购物大家最关心的就是商品的评价部分，如果某一商品50%是差评，除非其定价非常低，否则就不会有人愿意购买。我们看看褚橙的网上评价就能发现，褚橙之所以畅销，还在于褚橙的商品评价真的好，客户体验很好，所以才会有消费者多次购买褚橙。

以2014年11月13日9时，本来生活网上消费者对褚橙的评价为例，我们来看看褚橙的消费者体验。褚橙热血版（L型）的商品评论为2 354条，其中"满意"为2 329条，"一般"为10条，"不满意"为15条；对理想版（XL型）的商品评论为1 442条，其中"满意"为1 398条，"一般"为13条，"不满意"为31条。

本来像水果类的商品就众口难调，而褚橙的消费者评价的满意度却在95%以上，也不得不说褚橙卖得好，确实是因为褚橙的质量真的过硬。

那么褚橙的质量又是如何保证的呢？这还要归功于褚时健75岁高龄后十年磨一剑的功夫。

首先，褚老75岁二次创业抱的是一种潜心做事的认真态度，现今，褚时健仍然保持着差不多一周上山巡视一次的频率，牢牢把控着果园运转的每个细节，平时特别喜欢看柑橘种植方面的书，果园发生的几次危机都是靠褚老看书查资料解决的。

其次，果园在种植上有严格的流程，在经验模式上采用公司制农户的管理方式。目前果园有110多家农户，褚时健给农户制定了严格的种植流程，比如每棵果树上橙子的数量、果树的密度等。

再次，褚时健作为帮助农民致富的价值链的管理者，而非排斥农民利益的价值链的占有者，将果园分片承包给农户，每月给农户一定的生活费，果子成熟后按照果子的质量按照不同价格收取，这样既保证了品质也提高了农户的积极性。

正是上述三点造就了褚橙优质的品质和可持续营销的成果。由此可见，一个好的营销模式，即本书都在讲的线下线上融合的O2O商业模式，只是为生鲜商品打开销量的一条路，而能在这条路上走多久，走多远，还需要商家懂得发现商品本身独特的个性，保障商品本身的质量和价值，要知道消费者并不傻，没有谁会持久地为一件不值得的商品买单。

第十二章 互联网广告创业模式

展示广告：正走向更广阔的未来

对互联网行业来说，广告仍然是行业默认的首选变现方式。实际上，广告本来是平面媒体的主要商业模式，而现在广告已经在互联网行业大放异彩，互联网广告中，最常见的就是展示广告。所谓展示广告，就是指那些以文字、banner图片、通栏横幅、文本链接、弹窗等形式呈现的网页广告。展示广告通常是按展示的位置和时间收费，收费模式就是我们所说的包月广告或包天、包周。

互联网广告市场是一块巨大的蛋糕，有着广阔的发展前景。首先，互联网时代媒体数量以几何级数增加，我们甚至可以说网络媒体是无穷尽的；其次，受众人群可细分、可关联，我们可以对每一个页面广告做价值判断，每一个页面的可能人群，搜索关键字等，相比传统广告，互联网广告可能产生的绩效也是无可比拟的。

而一种新的展示广告也正在爆发——RTB(实时竞价广告)。这是一种数据驱动型的广告，RTB的模式是通过技术的手段，通过大量的数据挖掘，帮助广告主在一个海量流量里面找出适合投放的人群，以及用适合的价格完成这次交易，借助简单的程序化的购买，也就是互联网购买的方式。说得更简单一点，就是把人群的每次页面浏览，通过拍卖的形势卖给广告主，谁出的价高就把这次浏览卖给谁，然后显示相应的广告。比如一个人打开一个综合网站查看秋季新款服装信息，在右边有个广告栏。当你打开页面的一瞬间，广告供应方平台得知你打开了这个页面，然后这个页面被挂牌到一个或多个实时广告交易平台进行出售，广告代理结构被告知一个想购买流行秋装的人在看查看信息，可以展示相应的广告了。各个服装电商或者服装品牌公司会给出自己的报价，报价最高者的服装就会出现在广告栏里。RTB广告投放就是这样的，特别要指出的是，整个过程其实发生在不到一秒钟的时间里。

广告投放终极的目标就是精准投放，而RTB就在很大程度上实现了这种目标，它结合受众的需求，把广告推送给真正需要的人。而随着RTB广告的发展，展示广告也将带来更多的收益、更大的挖掘空间，这对创业者来说，会是一个很好的机会。

↗ 广告联盟：白手起家"英雄联盟"

说起广告联盟我们都不陌生，广告联盟相当于一个广告代理商，主要形式是广告主在广告联盟上发布广告，广告联盟再把广告推送到各个网站或APP里去。对于各个网站来说，基本上流量还不够多时，都会选择跟广告联盟合作，只有做到一定流量后，才能够跟确定的广告主直接建立合作关系。一般来说，广告主可以自由选择联盟平台打广告，网站主也可以自由选择联盟平台赚取佣金，最终实现广告主、联盟平台、网站主三赢。

广告联盟的盈利模式是这样的：广告联盟收取广告主的推广广告费用，利用竞价和匹配算法，将广告主的广告投放到已经加入广告联盟的流量上，而后根据不同的计价方式消耗广告主预先支付的推广费用，再按照各自不同的分成策略给加入广告联盟的站点流量分成，分成的盈余部分算是广告联盟平台的收入。

那么，创业者创建广告联盟需要哪些条件呢？第一，有媒体资源或资源拓展能力；第二，善于做媒体运营；第三，有数据挖掘能力；第四，有较为强大的资金能力；第五，有对广告各种形式理解和应用能力。

目前广告联盟基本上分化为三大方向：一个是CPS为主，服务电商；一个是CPM/CPV为主，服务页游平台；一个是CPA为主，服务各类软件和效果营销客户。创业者可以根据自身的资源及兴趣点，选择适合的发展方向。

软文经济：移动互联网时代的新营销

互联网时代，商品交易由线下搬到了线上，软文广告也随之焕发了新的活力。软文是指把广告内容和文章内容完美结合在一起，让用户在阅读文章时，既得到了他需要的内容，也在无意中了解了广告主想要推广的内容。

当然，软文广告的核心就是要保证软文的质量，迎合受众的心理。第一，对产品和目标受众深入分析，剖析用户的特点做法并捉住用户最注重的是什么；第二，文章标题要足够吸引人，避重就轻；第三，软文营销要有战略规划，有清晰的推广意图；第四，不要篇幅过长，内容冗长空泛。

需要说明的是，2016年9月1日，有关部门出台了一项《互联网广告管理暂行办法》，凡是互联网上（包括微信、微博）发布的广告，都要标注"广告"两字。这一政策会影响软文经济的发展吗？答案是否定的。

优质软文其实已经被创意所包装，相比于利益导向的纯广告，更容易被粉丝接受。就算没有《互联网广告管理暂行办法》，"垃圾"营销文案也不会有人买账。大浪淘沙，创业公司依然可以用优质的软文做营销，他们可以用专业、故事，打造价值、文化认同来打动目标群体。比如褚橙、一条、姜老刀等，无一不在用"故事"温暖人，从而达到营销目的。事实上很多年轻的创业公司也都是这样做的，比如"雕爷""早期的余佳文、马佳佳"以及陈安妮、张天一、温城辉等。而且值得注意的是，新媒体时代是一个全媒体时代，只要是好的内容，会引起全网转发，曝光量也是非常可观的。

可能大家会想了解，创业者应该如何利用软文做推广？三步走将会比较稳健。

第一步，软文宣传企业品牌。主要方式是在权威的网络媒体上发布关于公司品牌的新闻稿件，让企业品牌能够快速进入媒体及受众的视线，这样才能带来搜索和流量。举例来说，如果在搜索引擎中输入公司产品品牌的关键词，能够在前几页搜索到关于公司产品品牌的新闻事件，就会极大地提高企业品牌的知名度，也会增加客户的信任感。

第二步，软文向潜在客户做转化营销。对品牌做了一定数量的推广后，下一步就要瞄准目标客户群做转化营销。这一阶段的软文一定要是客户为本，对客户进行准备定位，准确把握客户的需求。

第三步，软文结合产品做推广。最后一步当然是要落实到具体的销售上，你的软文可以借名人、借热点，甚至借同类产品宣传。需要注意的是，不要太生硬，不要太标题党。流畅有趣的软文才不会让人反感。

李彦宏曾经说过：移动互联网时代，广告是没有前途的。主要是因为屏幕小,用户点击和浏览不方便,但是移动互联网的发展却成就了软文广告,它适于阅读,简单明了,在未来依然有非常大的发展空间。

海底捞:"变态服务"打动人心

有趣的段子也是微信用户最喜欢的信息之一,如果你的企业品牌很有"槽点",那一定不要放过"自黑"的机会。前面提到过海底捞提供"变态服务"的例子,如果对一些案例加以夸大,就会成为有趣的段子,如图15所示:

图15 海底捞极致服务,来自顾客微博截图

"今天去海底捞吃饭,忘带钱了。领班不仅没问我要钱,还掏出

50块给我打车。我感动地说：'等我有钱买车了一定给海底捞当义务司机。'听完领班立马掏出一张银行卡让我马上去买。旁边一服务员也凑上来：'听大哥口音不像本地人，估计没有北京户口，我马上帮您去排队摇号。'"

　　类似的段子还有很多，图15中这个抬车事件也是其中之一。它虽然来自微博，但也可以运用到微信当中。

第十三章　互联网旅游创业模式

传统旅游业VS互联网旅游

与其他传统行业一样，旅游行业在移动互联网时代也受到了巨大冲击，其实这是一种必然——标准化产品和服务无法与互联网对抗，而其中最直接的影响是业务模式发生了深刻的改变。

和餐饮业相似，旅游业也是提供线下实际服务的行业。十年前，人们还只能通过纸制路书了解旅游攻略，被动地接受旅游书籍或旅行社所传达的信息。驴友、自助游等这些新鲜词汇对大众来说，还相当陌生。随着信息科技的不断创新和人们消费观念的转变，个性化的旅游产品和服务越来越受人们的欢迎，而强大的互联网媒介推手则使人们越来越习惯在线旅游消费。近年来，在互联网营销的冲击下，旅游业也走上了与互联网融合的道路，而且这一势头日益强劲。在线旅游业在市场中迅速渗透，并抢占了传统旅游业的大部分市场份额。到2014年时，在线旅游服务商携程、途牛的旅游度假业务就达到了50亿元的销售规模，并与去哪儿、同程、驴妈妈、欣欣旅游、在路上等在线旅游网站一起瓜分了传统旅行社的市场份额。而到2016年第二季度，中国在线旅游市场交易规模达1 430.1亿元，环比增长8.9%，同比增长31.3%。此外，驴妈妈、携程、途牛、蚂蜂窝等主流旅游网站的巨额点击率，以及各大旅游网的"血拼"都验证了在线旅游的火爆程度和可盈利空间。

如今，传统街边旅行社已经罕见齐其踪，更多的旅行社在挣扎着开展线下业务的同时，也在积极地开拓电子商务市场，想要通过多渠道营销的方式与网商争夺市场。硅谷的两颗共享经济新星Airbnb和Uber都是兴起于旅游行业，一个解决住宿问题，一个解决交通问题，这似乎在暗示，旅游行业是共享经济的富矿，相信创业者在这一领域也能找到更多的机会。

四种在线旅游创业模式

就目前来看，中国在线旅游的市场容量和空间很大，周边游、国内游、境外游增长都非常迅速，2015年，中国旅游市场达40亿人次,市场规模估计能达到近4万亿。再看在线渗透率的数据，2016年近90%的交易是在线下完成的，且渗透年均增速不到1%，因此，在线旅游模式还没有完全被消费主流群体所接受，未来还有较大发展空间。

那么，现在在线旅游的主要模式是什么呢？

第一，旅游社区。典型代表有蚂蜂窝、穷游等。这类社区卖的是内容，通过UGC，通过用户写游记、分享旅行，用内容去影响用户的决策。这样的网站是刺激大家出去玩，通常会比较吸引用户，但是赚钱模式还不够明确，且需要一个较长的积累期，这个积累期很可能长达5年。

第二，旅游工具。典型代表有印象笔记、背包兔、航旅纵横等。旅游工具辅助大家作出旅游决策、规划行程、查询各项旅游信息等。这类工具类产品主要卖的是效率。

第三，电商。典型代表有携程、去哪儿等。与前两种模式不同，电商可直接形成交易，盈利模式也很清晰。事实上，基本上所有的旅游巨头都沉淀在这一领域，那么是不是这一块就不能再进入了呢？答案是否定的，最近两年也有不少创业者在细分领域找到了机会，比如某几个主题、某些目的地成立新的电商平台。

其实，创业者还有一个更好的选择，那就是智能规划。这个模式刚刚兴起，但是却拥有广阔的发展前景。大多数用户出发前都会进行一系列规划，包括路线、机票、酒店、景点等，而智能规划不但能满足用户的这一需求，还直接提供了消费入口，这种信息聚合的智能规划必将成为在线旅游的下一个创业机会点。

在线旅游初创公司怎么做

前文说过，在线旅游领域竞争激烈，而且已经有若干巨头存在，创业者如果想在这一领域成功创业，不仅需要模式、服务创新，还需要注意很多问题。对于创业公司，选好方向是第一步，更重要的是选一个足够具体的切入点。因为资源有限，创业公司必须把精力集中在一点上，才有成功的可能。

我们首先应该对在线旅游市场的构成有清醒的认知：第一部分是供应商。供应商包括航空公司、旅行团运营、租车公司、酒店和旅行社，在线旅游代理（OTA）就包括在这部分里。第二部分是信息服务：与供应商不同，信息服务的商业模式靠的是广告或订阅服务的营收，而不是产品的销售额。它们需要让访客在网站上互动，这样才有钱可赚。第三部分是连接型公司。一个最著名的例子就是 Airbnb，它会将上述两个部分联系起来，既提供旅游指南类型的服务，也提供预订服务。

而创业者在创业前就一定要弄清楚三个问题：我们的团队能力适合什么样的公司？目前市场的行业形势如何？我们有哪些产品优势？只有弄清楚了这些问题，才能找到正确的方向。

当你准备起步后，你要注意的重要问题是，如何让产品避免同质化。这一点不难理解，同质化意味着你不具有竞争优势，把创业者跟行业巨头放到一个平台上比拼，结果可想而知，创业者应该基于场景化和个性化灵活创新。接下来，我们就具体看一下，创业者可以从哪些点切入。

1. 定制游。从2015—2016年的情况来看，定制游是一个创业比较扎堆的地方，定制游的好处是业务模式简单、盈利模式清晰，缺点是很难规模化，也就是说基本不要想着做大。这个方向的创业者大多是从传统旅行社走出来的，虽然加了一个互联网的外壳，但是内核其实没变。

2. 小众特色游。强调小众，是因为这一产业的切入点较小，比如潜水主题游、博物馆文化游、体育主题游等，这个主要是结合创业者自身的资源来定。需要注意的是，创业者应该做出特色，现在很多这类特色游选择的仍是目的地必去的景点，这对于用户的吸引力当然也不会太大。创业公司对于具体的产品选择一定要围绕着为提供独一无二的体验设计，不然企业成长的路也就很容易被巨头们堵死。

3. 一站式吃喝玩乐。这是一种场景化出行，解决用户到达目的地之后不知道玩什么、吃什么以及出行的问题。这种产业的市场规模现在看还不算太大，但是随着旅游产业的发展，应该也有不错的前景。创业公司可以从两个方向入手：吃住游玩通用型平台以及仅仅从吃或者住入手的单点突破。

4. 路线规划。当一个旅行者决定好去什么地方后，首先要做的就是路线规划，这一部分的市场还是比较可观的，前面在智能规划中已经详细讲解，此处不再赘述。

5.旅游金融。将旅游和金融结合起来会是很好的一个点，从目前来看旅游金融主要有两大方向：一个是供应链金融，典型代表是途牛的牛业贷；另一类是消费金融，消费金融还可以细分为自营和平台两种模式。其中，平台模式的代表产品就是首付游，为各个平台做金融服务，资金端则依靠京东金融。

在线旅游产业目前似乎是遇到了一个瓶颈，但是实际上很多领域都还没有做过资源整合和延伸。因此，我们相信有想象力的创业者一定能在在线旅游领域找到属于自己的成功之道。

↗ Airbnb：人性化的旅游服务

关于Airbnb我们都知道什么呢？

Brian是Airbnb的创始人兼CEO，他的父母都是普通的社会义工，Brian的创业可以说完全是白手起家。Brian毕业于罗德岛设计学院，美术专业，毕业不久就失业了。据说最穷的时候，Brian甚至连房租都交不起，险些露宿街头。但是在创业7年后，Brian就步入了10亿美元俱乐部。

Airbnb为什么能够如此快地获得成功呢？

Airbnb已经成为全球共享经济的标杆，近些年最成功的创业公司，更受到了那些注重品质的旅行者的热烈欢迎。Airbnb缩提供的产品是空闲房间或者公寓，而旅行者得到的是比酒店更优惠的价格，以及在一个新地方的浸入式的体验（如图16所示）。

图16 Airbnb特色客房展示页面，以情动人

Airbnb 充当了一个供应商的角色，它为顾客提供客房，同时还提供预定的中介服务，从两方的交易中抽取一笔费用。不仅如此，Airbnb 还是一家信息服务公司，它为旅行者提供内容丰富的居住区指南。这种人性化的服务，使其不会成为一个冷酷的预定和交易论坛。

当然，Airbnb 之所以深受用户欢迎，还因为它具有很多非常棒的功能。

第一，即时的通讯。通过Airbnb，用户和房东能实现常规通讯，这对于帮助访客和房东协调入住离店时间、交换钥匙、调整计划来说，这一点尤其重要。

第二，顺畅的支付。Airbnb 的支付流程非常简洁，用户体验很流畅。这是为了要让交易处理和授权过程尽可能简便无烦恼，无论是在PC端还是在移动APP都是如此。

第三，精准的位置信息。不要小看这一点，对于旅行者来说地理位置是在思考以移动为中心时的首要功能，精准的位置信息能帮助旅行者更快地找到公寓、景点等。

第四，整合摄像功能。我们都知道拍照对于旅行来说意味着什么，在社交媒体照片里面比较受欢迎的就是分享旅行照片。

2012年，Airbnb在香港落户了第一家大中华区办公室，2015年开始进入内地市场，而在此之后，国内的短租创业公司也纷纷试水，但还没有真正意义上的行业巨头。因此，现在分享住房的短租模式仍然是一块价值洼地，创业者们在这里可以找到无数的机会。

第十四章 餐馆"互联网+"二次创业模式

四个步骤在微信上开餐馆

餐馆在做好微信公众账号设计后,就要对微信公众账号的运营进行规划。有规划的运营才能让餐馆利用微信营销达到最佳的效果,对于餐馆来说,微信运营规划常常包括以下4个步骤。

第一,要确定微信营销的重点。

餐馆要做好微信营销,关键是要知道自己餐馆的微信公众账号上要设置哪些功能,要做哪些内容的展示。餐馆唯有做好这一点,才能让整个营销活动有据可依。除此之外,对于微信公众账号外,粉丝想看什么内容就要为他们提供什么内容,输入什么命令就要给予相应的内容。比如输入"联系方式"可以查看企业的联系方式和地址;输入"你好"可以看到企业的介绍等。这些重点方式的设置,能满足目标人群的需要,以达到吸引顾客的效果。也就是说,微信营销要能够为用户解决实在的问题,而不是简单的广告推送。传统企业的微信营销要帮用户解决实在的问题，而不是不断推送软广或硬广进行销售。要考虑微信公众账号能为用户解决什么问题，这样才能满足用户的需求，如此，营销的效果也有了保障。

第二，搭建好微信营销团队。

当餐馆确定好营销的重点后，就要开始搭建微信营销团队。甚至可以说，餐馆微信营销效果的好坏是由团队是否优秀决定的。一个好的营销团队首先得有微信营销负责人，微信营销负责人负责的是对整个营销过程进行掌控，要根据餐馆行业特征、品牌定位，确定餐馆品牌的推广目标，制订微信营销平台的建设方案，制订在各网络媒体的推广方案；负责微信营销项目方案的策划、创意、执行、运营；提高产品信息的传播量，提高产品在目标客户群中的知名度；根据市场活动运作流程和市场推广计划，组织相应的微信线上、线下活动并形成相应的市场活动评估报告。其次，还要有出色的平面设计人员，图文结合的图片对于用户有超强的吸引力，如果仅仅依靠文字内容来开展，是难以取得良好的效果，这就需要专业的平面设计人员来处理图片。最后，还要有账号运营人员，微信账号运营人员主要负责微信图文内容的发布，以及与客户的及时互动，并负责搜集用户的反馈意见，对用户数据进行分析等工作。

第三，逐渐把老客户加进来。

餐馆可以利用微信来经营客户，对于餐馆来说，经营一个老客户比获取新客户更能见效益。微信公众账号减少了维护老客户所需要的成本，并且变得非常简单和易操作，因为微信公众账号的功能和内容是在顾客喜好的基础上设定的，这就有利于经营老客户。为了维护老顾客的忠诚度，餐馆要做的是充分利用微信为老顾客提供各种便利，以及优惠信息。除了老客户外，还要不断发掘新客户，并把他们也加入到自己微信账号的阵营中来。

第四，要进行全方位的推广。

餐馆微信公众账号要想起到很好的推广效果，就要做到全面推广，要在任何能够展示二维码的地方展示二维码,能进行账号域名推荐的就进行账号域名推荐。还要做好门店顾客消费体验,餐馆门店要记住,用户消费体验要真实,也最具说服力。比如,一位客户到店内消费,服务人员可以帮顾客拍照片,发到微信的朋友圈,说今天我们店来了一位女士,用餐非常愉快。这样的图片结合,比只把菜品放在桌子上拍很多张图片有用得多,会显得更加真实可信,能刺激更多的顾客走进餐馆消费。要充分利用好活动,我们经常会看到超市搞抽奖活动,比如凭小票换一袋洗衣粉,但前期是要参与抽奖,而抽奖之前要先办理会员卡,否则就不能参加抽奖。餐馆也可以效仿这种方式,鼓励顾客办理会员卡,这种依靠活动的方式来吸引顾客,能够收到良好的效果。在推广的过程中还需要注意不要为了追求粉丝数量而追求粉丝数量。餐馆营销的好坏与粉丝的数量并没有多大的关系,做过微信营销的人都知道"买尸粉,不如无粉",大量的僵尸粉对于提升餐馆品牌没有什么价值的同时还会间接造成垃圾信息的泛滥,微信用户体验值会急剧下降,本来干净的社交工具变得混乱不堪,对于餐馆的长线发展得不偿失。要避免这种现象的出现,餐馆要脚踏实地地慢慢积累有效粉丝,也就是忠实的粉丝。

餐馆O2O如何才能实现真正闭环

当今环境下,传统餐饮正面临着生死存亡的关键时刻,而O2O市场却增长迅猛,蕴含着无限潜力。在这样的大背景下,传统餐饮企业、传统快餐企业、互联网餐饮平台竞相逐鹿餐饮O2O,重塑餐饮产业新格局。在这样激烈竞争的环境下,餐馆要想依靠O2O获得竞争优势,必须做好闭环这一环节。"O2O闭环"可以说是当下互联网行业最流行的名词,也是绝大多数餐饮业经营者一直在追求的目标。但大部分人只是说说而已，因为要真正实现O2O闭环并不是一件简单的事情。

餐馆O2O要想真正实现闭环，必须把握一个原则：要得到用户的信任。从本质上来说，O2O是一种建立在信任关系上的全新商业模式，O2O模式的存在与发展，让消费者的关注点越来越窄，只关注最符合自己需求的点，以致品牌在消费者心目中的地位越来越低，朋友圈的推荐反而成为人们购买决策的主要原因。对于商家而言，负责与消费者关系互动的部门既要承担营销，又要说服消费者购买，还要帮消费者解决一切问题，要想让这些任务取得实质上的效果，关键是要取得用户的信任，唯有先取得用户的信任，所谓的O2O才真正具备闭环的可能。也就是说O2O闭环的成功不仅仅是因为其为用户提供了方便、节省了费用，更重要的是其满足了他们渴望与更多的人交流，并且相互之间建立了信任关系。所以，餐馆要想真正实现O2O闭环，就要结合线上、线下的多种手段和措施，通过O2O打造用户之间的信任机制，同时也潜移默化地建立起用户与餐馆自身之间的信任。

餐馆O2O要想真正实现闭环，还必须要充分利用微信的作用。由于微信用户的活跃度在所有即时通信工具中效果最好，对资源的整合能力最强。所以，餐馆也要以微信为主要阵地，通过私人号、微信群、朋友圈、公众号等宣传渠道来实现同用户的连接。微信是出色的CRM（客户关系管理系统）体系，餐馆可以利用CRM对顾客引导、顾客身份识别、顾客分类作出合理规划，并可以进行进一步、深层次地营销。餐馆可以利用微信建立一个会员管理系统，对会员的消费情况和积分累计进行记录，举行充值、积分兑换活动。了解会员信息，向会员推送节日关怀、生日祝福等消息，还会通过消费订单送积分，未来这类有针对性的营销将会做得更细分化，让用户体验到更高品质的差异化服务。同时，还要利用微信平台与顾客在线上交流，这些意见在线下的实体店消费中将得到体现。这样就能提升用户体验，让微信线上客流转变为线下客流，为实现闭环打下良好的基础。

在线支付是实现O2O闭环的一个重要决定因素。对于有实力的餐馆来说，要上在线支付模块，通过在线支付达成闭环。现金流和老顾客是餐馆的命脉，单靠纯粹的线下支付已经不足以让现金流得到增长，也不利于维护老顾客，所以要创建线上支付体系。而这样做的具体方式是在沿袭传统餐饮企业会员卡系统的基础上，将实体卡与微生活会员卡绑定进行数据同步，顾客还可以选择将手机号与会员卡绑定用手机号结账，这种在线支付的方式能够帮助餐馆O2O实现更好的闭环。

整个O2O模式从开始到闭环可以从下面的流程中得到明显体现。餐馆可以利用微信实现闭环，具体环节是微信订餐——出订单——手机付款，要完成这个流程，餐馆需要有一定的硬件支持，除了提供微信平台开发技术支持外，还可以引进"微信小票打印机"，只要消费者线上下单，餐馆线下店里的小票打印机立马能出单，这就省去了中间冗杂的人工流程，实现线上和线下的完美对接。对于餐馆来说，只要把握好服务环节，能够线上引导消费者使用微信订餐，为消费者解疑，并积极为顾客解决反馈意见，就一定能成功实现O2O的闭环。

对于餐馆经营者来说，要把握手机互联网终端的发展趋势，积极运用O2O模式来经营餐馆，并且在得到用户信任的基础上开通在线支付功能。如果能够把这些事做好，就一定能够得到越来越多的订单。

餐馆二维码营销六大实施步骤

虽然二维码营销对餐馆经营具有很大的推动作用，但是要做好二维码营销却不是一件简单的事情。要想真正让二维码营销在餐馆经营中发挥重要的作用，就要遵循一定的步骤，按照步骤合理进行，是餐馆二维码营销能够取得效果的保证。具体来说，餐馆二维码营销主要包括以下六个步骤。

1.要创建自己的二维码

创建自己的二维码是展开二维码营销的基础。当下二维码的创建是非常简单的，可以选择自己创作设计的方式，同时也可以借助第三方来创建二维码，比如草料网之类的二维码在线服务网站。依靠这些第三方网站可以制作简单、便捷、功能强大的商用二维码。除此之外，还可以利用手机下载我查查二维码，如此就能生成多种不同格式的二维码。利用微信也可以制作二维码名片。

具体方式是在微信设置里找二维码名片就可以了，通过进入二维码名片后点击右上角的虚线按钮就可以更换二维码名片的图案。

2.要为用户提供一个扫描的理由

无论采用何种二维码营销模式，都需要解决一个问题，那就是用户为什么要去拍摄二维码？虽然这个过程并不烦琐，但移动互联网用户并不喜欢做没有意义的事。因此，企业不仅要让二维码营销动起来，还要用创意给用户一个动手拍摄的理由。要想让用户扫描自己的二维码，还需要让自己的二维码具有美感，为了区别于传统的黑白相间缺乏美感的二维码，餐馆需要为用户打造形象有趣，具有创意的二维码。

3.必须要建立移动版网页

餐馆建立了具有吸引力的二维码，还需要建立移动版网页。之所以要建立移动版的网页，是因为二维码是建立在手机基础上的，由于网速的限制，打开网页会很慢，如果没有移动版的网页，会让顾客失去浏览网页的兴趣。而移动版网页能够很好地解决这一问题，同时移动版网页需要可以在移动设备（包括手机、平板电脑）上使用给用户提供良好的视觉及交互效果。整个网页必须为手机设备优化，能快速加载页面，并且适应不同的手机浏览器类型和屏幕大小。

4.做好网页设计

做好移动网页后，还要注重网页设计。网页要想吸引用户，关键是要有一个最适合的网页架构。尤其是对于一些重视内容和阅读体验的移动网页，就算没有复杂绚丽的交互、风格流行的色彩和图片，依然可以依靠舒适合理的排版布局而变得优秀。在网页设计上不要每页都采用不同的背景图片，要树立统一的风格，采用相同的背景色及近似的按钮都能增加网页一致性。底色或背景须与文字颜色形成明显对比。不妨在这方面下多点功夫，方便阅读，力求让浏览者能舒适阅读网页内容。在字体的选择上，要把握整洁易看的原则，让用户读起来更简单，更容易。

5.把二维码放在合适的地点

除了有好看、与自己产品风格相符合的二维码，并建立好自己的移动版网页之处，还要把二维码投放在合适的地方，才会产生好的效果，把用户吸引进来。放置二维码的一个重要原则是把二维码放在目标人群聚集的地方。微信推广除了以上二维码投放地点还有许多其他的方式，如线下门店的门口处、等位处、收银处，还可以放置在QQ群、豆瓣、贴吧等各种SNS社区中。同时，还可以放置在宣传单上，这样就能与餐馆已上线的在线预订功能合作，用户可以通过微信选择商品，预留信息后下单提升顾客的消费体验。

6.要在二维码旁边进行文字标注

餐馆在利用二维码营销的时候，还可以在二维码的旁边标注文字备注，备注关注二维码可以获得餐馆的哪些具体信息、服务、优惠。由于空间有限，这些备注信息必须是简洁的，做到点到即止即可，否则会让顾客心生厌烦之感，从而让用户失去扫描的兴趣。

餐馆促销的手段与技巧

在网络飞速发展的今天，要想让餐馆获得飞速发展，就要做好餐馆的促销。而要做好促销，就要掌握促销的手段与技巧，唯有如此，促销才能取得好效果。

餐馆要懂得环境气氛促销。在一定程度上来说，环境气氛是餐馆无声的销售员。因此，餐馆要努力为餐饮消费者创造一个优美舒适的消费环境。在餐桌上要摆一瓶色泽鲜艳的插花或盆花，这样就能增加消费者的食欲；在餐馆中播放合适的音乐，以产生独特的气氛，使餐饮消费者的就餐心情变得格外舒畅；餐馆要布置合适的灯光，使消费者乐于在视觉舒适的餐厅环境中就餐；餐馆的色彩搭配要合理，合理的色彩搭配给人以舒服的用餐感受；餐馆的布局要根据餐馆主题和市场定位，以及消费者心理进行设计，以获得顾客的青睐。

首先，餐馆要善于利用赠品进行促销。餐馆可以采用赠送礼品的方式来达到促销的目的，赠送礼品能让顾客产生幸运的感觉，并且能让他们对餐馆产生好感。而礼品的具体方式可以是在节日和客人生日之际向客人和老主顾赠送庆祝的礼品或纪念卡，可以是了解餐馆、提高餐馆知名度的宣传性赠品，也可以是根据顾客光临餐馆的次数、在餐馆中消费额多少的奖励性赠品。餐馆要善于利用这种赠品促销的方式来获得顾客的好感，增强顾客的黏性，从而起到宣传推广的效果，如图17所示的促销方式。

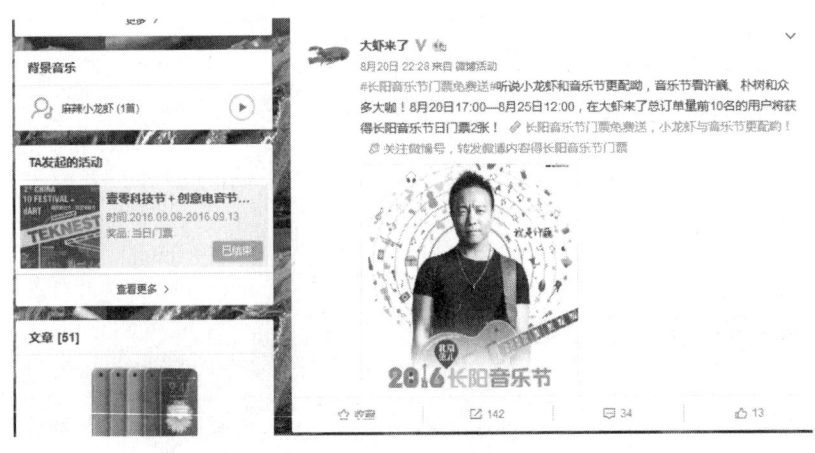

图17　外卖"大虾来了"微博促销推广页面

其次，餐馆要善于利用优惠促销来吸引顾客。优惠促销是指餐馆为鼓励客人反复光顾和在营业的淡季时间里进行消费而采取的一系列优惠手段。餐馆可以推出低价套餐，比如，为周末家庭消费和节假日的散客提供低价的家庭套餐；或者两个人用餐，只付一份的钱。如果有人来餐厅过结婚纪念日或生日，餐馆可以请他们来，二人用餐，只付一人的钱。对于曾在这家餐馆举办过结婚庆典的新婚夫妇来说，如果在结婚纪念日前接到餐馆的邀请和获得优惠，会很高兴，并成为这家餐馆的老顾客。除此之外，餐馆还可以运用发放赠券、积分奖励、免费品等方式来进行优惠促销，以此来吸引顾客。

再次，餐馆要善于利用打折促销来吸引顾客。打折促销又称折扣促销，是餐厅在特定的促销活动时间内，在餐厅原来的消费价格基础上进行的优惠让利销售方式，这种减价销售的促销方式是餐厅在开展促销活动过程中运用最为频繁的一种促销手段，也是最能吸引消费者消费兴趣的促销方式之一。餐馆为了达到优惠促销的目的，可以采用折扣的方式，折扣是优惠促销的最常见的形式，具体来说，餐馆可以实行半价优惠和买一送一等优惠促销活动，以吸引更多的客人，进而增加销售额。餐馆也可以利用折扣卡的方式来招揽顾客，餐馆为顾客发折扣卡，下一次来餐馆就餐可以获得10%的折扣，第二次可以获得20%的折扣。然后依次获得30%、40%的折扣，一直下去，这位顾客可以获得一次全免费的就餐待遇，这种折扣卡的方式能够吸引顾客重复消费，并让顾客成为餐馆的忠诚顾客。打折促销会因其明显的价格优惠提高餐馆的市场竞争力，刺激消费者的消费欲望，鼓励消费者走进餐馆进行消费。

最后，餐馆要善于利用菜品出售方式进行促销推广。菜品出售方式合理，对餐馆的营销推广也能起到良好的宣传推广作用。具体方式可以是推出半份零卖菜，去餐厅就餐，很多顾客都存在吃不完菜的现象，同时他们也有不愿意浪费的心理，针对这个情况，餐馆可以推出半份零卖菜活动，鼓励顾客购买半份菜；餐馆可以让顾客免费品尝主推特色菜，餐馆推特色菜，可以根据餐馆自身成本预算，逢节日可以举行"免费品尝特色菜"活动，这样就能增加特色菜的宣传，并让餐馆品牌得以推广。餐馆利用菜品出售方式进行宣传推广的方式还有很多，比如，推出高档原料拼着卖、推出新奇原料等。

以上就是餐馆主要的促销手段与技巧，在餐馆经营的过程中，唯有掌握一定促销的手段与技巧，才能让餐馆在宣传推广的过程中取得良好的效果，同时，也能为餐馆吸引越来越多的新顾客，并可以让越来越多的新顾客变成老顾客。餐馆有了顾客，就相当于有了生意。如此，开一家赚钱的餐馆将成为一件简单的事情。

先人一步打造外卖模式

民以食为天，餐饮市场古已有之，只不过伴随着社会的发展，餐饮市场也呈现出不同社会发展阶段特有的业态结构与消费特征。互联网时代的飞速发展，带来的是网上订餐的便利，随之兴起的是网上订餐的迅速崛起。对于餐馆来说，外卖成为一大赚钱利器。在当下外卖迅速崛起的时代，哪个餐馆能够先人一步打造外卖模式，就能促进餐馆的发展。

对于互联网时代的店铺来说，外卖已经成为一种赚钱利器，因为外卖一般不必付太多铺租等成本，即使小小的店铺也能实现较多的利润。外卖服务源自于西餐，由于西餐生产环节简单且标准化，实现大规模外送服务，无论是品质还是效率都有着比较强的优势，因此，其外送业务在发展中实现了快速兴起。在国外的餐饮业中，麦当劳、肯德基、必胜客在外卖服务上是做得非常出色的。不但是西餐在做外卖方面比较出色，大量的中餐餐馆也开始经营外卖业务，以此来增加餐馆的利润。餐馆外卖有属于自己的模式，具体来说包括以下四个方面。

1.在业务结构上呈现小众化。外卖业务针对的用户以中低端用户为主，客单价在10~20元。这部分群体是外卖业务的主要群体，能够起到规模效益。

2.做好外卖线下门店推广。外卖最重要的一环是做好线下门店推广，而要做好线下门店推广，餐馆就需要投入大量的人员进行经营，并做好自身的产品。

3.要做好物流配送。物流配送可以选择与第三方公司进行合作，也可以选择自己招聘员工进行配送。对于餐馆来说，在物流上最重要的是在配送速度和食品保鲜程度上做到完美，这就需要保证配送速度。

4.要不断拓展自己的外卖模式。对于餐馆来说，外卖要逐步进入中高端市场，外卖进入中高端市场，才能最大限度带来利润。同时还要逐步创建会员体系，餐馆要做的是依靠会员体系来维护忠实的顾客。

虽然外卖能够为餐馆带来丰厚的利润，但并不是说餐馆做外卖就一定能够成功，这就需要餐馆在做外卖业务的时候注意以下四点。

1.菜品搭配必须合理。对于餐馆外卖来说，并非所有的菜都得现做，关键是菜单中的单品搭配要合理。一般送外卖都得采用一些标准的模式，比如说有几种套餐，每种套餐中都要保证两素一荤，这三种菜中必然有一种是可以提前做好的，或者是非常容易做的，比如炖菜、凉菜或汤，另外两种都得达到半成品状态。餐馆必须提前预备好所有的配料，这样就能做到接到订单后2~3分钟内能出锅。

2.针对不同客户群采取不同方式。不同用户群对于外卖的需求方式是不一样的，对于那些喜欢花样，爱尝新鲜的年轻人要采取优惠政策，同时还可以给他们赠送好玩、有趣的礼品。而对待经济条件相对成熟的中年人来说，要通过为其提供优质的服务来征服他们。

3.选择好送达的方式。外卖最重要的是配送，很多时候，点单的顾客可能分布东南西北，此时送达的方式是非常重要的，直接决定着配送的费用，餐馆进行合理配送的关键是找一条最为便捷的路线，可以一次性在最短的时间内将各区域顾客的订单送达。

4.做好人力资源安排。要满足顾客的外送需要，就要有足够的人手来从事外卖服务，对于餐馆来说，最合理的人力资源安排方式是少量全职员工加上部分兼职员工。

现今，互联网在人们生活与工作过程中所起的作用日益重要，很多传统行业通过电子商务的方式来切入新的市场，或者为现有市场提供深度服务。而对于餐馆经营企业来说，要利用互联网时代便捷的特性，先人一步打造外卖模式。

并不是所有的餐馆都能利用自身的平台进行营销推广，因为并不是所有的餐馆都具备这方面的实力。在这种状况下，餐馆就要善于寻找并利用现有的平台，也就是第三方平台展开营销推广。在众多的第三方餐饮服务网站中，淘点点、大众点评网、请客800网、订餐小秘书等是餐馆进行营销推广的重要平台。

餐馆要充分利用淘点点进行营销推广。淘点点是淘宝于2013年12月20日宣布正式推出的移动餐饮服务平台。淘点点定位"移动餐饮服务平台"，希望将餐饮行业做成"淘宝+天猫"的模式，即每个菜品都是一个SKU（库存商品），一些热销的菜品，相当于淘宝中的热销款。将餐饮服务变成商品，让买卖双方直接交易。通过淘点点，消费者可以方便地搜索附近的盒饭、水果、饮料、蛋糕等外卖信息，并且可以随时随地自助下单、付款，只要留下送货地址和电话，美食就能很快被送上门。如此一个便捷的移动餐饮服务平台，对于餐馆的营销推广具有很大的推动作用，餐馆要善于利用这样一个平台来推广自己的餐馆，并通过淘点点便利性特点增强自身的影响力。

餐馆要善于利用大众点评网展开营销推广。大众点评网于2003年4月成立于上海，是中国领先的本地生活信息及交易平台，也是全球最早建立的独立第三方消费点评网站。大众点评不仅为网友提供商户信息、消费点评及消费优惠等信息服务,同时亦提供团购、电子会员卡及餐厅预订等O2O交易服务。大众点评已经成为消费者寻找美食的一个最佳去处:经纬创投合伙人张颖在北京去了家大众点评评论不错的日本拉面馆填肚子;SOHO中国董事长潘石屹也利用大众点评找餐馆……从中我们不难发现大众点评在消费者心中的地位,这也是餐馆要利用大众点评进行营销推广的重要原因。大众点评每月活跃着4 000多万用户,用户数量优势毋庸置疑,餐馆如果能够充分利用这一平台,定然能够收到良好的效果,餐馆可以利用这一平台来进行优惠券发布等活动,推出打折卡、优惠券等。同时要多发帖、多回复,介绍自己的餐馆。经过长时间的积累,定然能够起到良好的营销效果。

餐馆要善于利用请客800网进行营销推广。"请客800"曾经作为时髦的概念词汇高频率地出现,吸引了人们的眼球,并以润物细无声的黑马姿态渐渐风靡起来。究其原因,相信只要用过请客800的朋友都能体会到其网站的优越性。请客800网以"吃喝玩乐、宴请招待,尽在请客800"为主题,构建互联网线上、线下的多平台信息服务体系,目前为顾客提供北京地区近万家精品餐饮、休闲、娱乐消费场所查询和预订服务,更可享受到5折至9.8折的优惠。请客800网拥有非营利性的"饮食文化""论坛",以及一些主题活动、奖励,这是其吸引用户的重要原因。餐馆要充分利用类似的第三方平台,在平台上进行营销推广,推出折扣、优惠活动,并把餐馆的特色、经营理念展示出来。

餐馆要利用订餐小秘书进行营销推广。订餐小秘书立于2004年,主要针对中高端用户免费预订上海餐厅,是中国首家专业订餐中心,总部设在中国上海。2004—2008年的4年间,订餐小秘书累计为320万人提供了订餐服务,超过250万名会员享受到订餐小秘书的折扣和积分。订餐小秘书,作为全国第一家订餐服务中心,一直领先于后来者,不仅仅建立了强大的呼叫中心,也建立了强大的网站平台。用户可以在订餐小秘书的网站上查询餐厅,每家餐厅的信息都经多角度数次确认,以保证其真实准确。2011

年6月,订餐小秘书在全国新增11个城市订餐业务。订餐小秘书的迅速崛起,已经成为当下比较重要的消费者订餐的选择之一。餐馆如果能够充分利用这个平台,展开营销推广活动,定然能够因其庞大的用户数而起到良好的效果。

以上这些就是餐馆应该主要借助的第三方平台,当然,餐馆能够借助的第三方平台不止这4个,还可以借助美团网、糯米网、八戒网、口碑网等第三方网站进行营销推广。餐馆应该充分利用这些第三方平台,来宣传推广自己的餐馆。

眉州东坡:餐饮集团的完美O2O实践

O2O模式对于餐馆的发展具有很大的推动作用。对于餐馆来说,O2O模式能够将线上推广、销售业务与线下实体店结合起来,这样可以弥补餐馆空间上的不足,同时还可以减轻餐馆服务人员的工作压力。在所有餐馆O2O模式中,眉州东坡的O2O实践是比较成功的,也是比较出色的。眉州东坡将线下产品引入线上进行销售,并重构了整个外卖供应链,实现了线上与线下的互动融合,最终促进了眉州东坡的飞速发展。

早在2010年,眉州东坡就开始着手打造属于自己的电商平台,并委托软件公司进行系统的研发。但是这个开发过程并不顺利,虽然受委托的软件公司为眉州东坡打造了专属的电商平台,但是做出来的网站始终难以让眉州东坡满意。之后眉州东坡开始选择与专门服务于餐饮企业的O2O电商平台易淘星空合作,以此来打造专属的订餐、支付平台,但是这次与易淘星空的合作并不顺利,就像是易淘星空CEO描述的那样:"我们要在不到一个月时间制作针对苹果和安卓系统的两款手机APP应用程序,同时搭建起一个能够订餐、支付的电商平台,其难度相当于组建一个全新的电子商务公司。另外,由于苹果APP Store的审核时间需要一周,这意味着,留给我们的时间只有20天。"虽然存在一定的困难,但是在不断努力下,还是推出了比较成熟的"527美食速递系统",这是一个比较成熟的集订餐、支付为一体的交易平台,同时在这个系统中,把眉州东坡美食速递网、手机APP客户端、美食热线三大外卖订餐渠道融合在一起(如图18所示)。

图18 眉州东坡酒楼线上订餐推广页面

在这一系统下,顾客可以在网上点餐、预订,也可以在网上进行提前支付。这种经营方式的存在,让眉州东坡可以提前备餐,这就节约了顾客在店内用餐的时间,门店的翻台率也因此得到迅速提升。至此,眉州东坡已经搭建了完善的O2O系统。搭建系统不是最终目的,目的是让系统能够为顾客提供更好的服务。为了提升服务,眉州东坡在很多方面都进行了改进,比如针对服务人员对网上订单表现不积极的现象,眉州东坡出台了

"接到互联网订单3分钟之内处理，30分钟内出菜"的硬性规定。除此之外，为了提升服务人员的服务态度，眉州东坡针对网上订餐对服务人员进行考核，考核不再仅仅以销售额为唯一的标准，而是加入了许多细化的指标。

除了打造出色的网上订餐、支付系统，眉州东坡在线下也做出了一番努力，在环境设置上让顾客感到更加舒心，在服务上也做出了很大的改变。除此之外，眉州东坡还整合了外卖供应链，这是为了使线上、线下更好地实现融合。为了让外卖业务能给顾客带来更好的体验，眉州东坡与易淘星空旗合作，用易淘星空旗下的专业送餐队伍进行送餐。并且还给送餐人员设立了200条准则，这种高质量送餐服务给顾客带来了美好的用餐体验，大大提升了眉州东坡品牌形象。

眉州东坡的O2O模式是比较成功的，依靠成功的O2O模式，眉州东坡的业务量得到了大幅度的提升，眉州东坡的订单量以每周20%的速度快速增长，到2013年年底，眉州东坡的外卖销售额每月已突破了700万。

从中我们可以看出，眉州东坡打造了属于自己的O2O模式，并且取得了非常好的效果。这就告诉餐馆经营者，要着力打造属于自己的O2O模式，依靠这个方便快捷的交易平台来促进餐馆的发展。而做餐馆O2O，最重要的是要在做好线上的同时，做好线下，要让顾客在线上能预定，而线下实体店能为顾客带来美好的用餐体验。

第十五章　在线交易平台

↗ 网购，平台为你保驾护航

对于今天的中国人来说，生活在内陆地区的人足不出户就能买到刚出海的生猛海鲜，时尚达人不用再去商场费心寻找就能买到自己心仪的当季新款，这些都已不再是新鲜事。互联网技术的发展已经让网购成为现代人所熟知的新型购物模式。而为了满足网上交易的爆发式增长，各种在线交易平台也应运而生。

在线交易平台是为了保障交易双方在网上交易的安全问题，而由第三方建立的交易安全保障平台。客户可以将线下与对方谈好的交易搬到这个第三方平台上来进行，也可以直接找到自己所需要的产品，进行交易。目前来说，后一种交易方式是占多数的。

对比传统的交易模式，在线交易平台的出现显然是有着重大意义。

可以说，它是计算机网络引起的又一次信息革命，它可以在网络上传递信息、产品、服务或进行支付，既能满足企业、管理者、消费者在提高产品质量的同时加快产品服务交付速度的愿望，同时又降低了服务成本。

从在线交易平台的发展历程来看，早期的在线交易平台着力点还仅限于商品的展示、宣传以及询价等功能，这一局面一直持续到网络支付功能出现，才得到了彻底转变。因为支付宝等支付功能的嵌入，网络交易的信任度得到了极大提升，在线交易平台开始了真正意义上的崛起，之后，随着营销、物流、金融等一系列新的平台功能不断嵌入，在线交易平台的生态体系也变得越发丰富与完善。

而就目前来看，在线交易平台未来的发展必然会呈现以下三种态势。

其一，交易平台开放程度越来越高。为了扩充商品种类，扩大平台规模，越来越多的平台开始注重吸引第三方商家入驻。比如我们熟悉的当当、京东都早已开放了第三方平台业务。

其二，交易内容越来越丰富。拉手网、百度外卖等生活服务类交易平台正在快速发展，众包设计等生产服务类平台也在不断涌现。

其三，线上线下进一步融合。线下体验、线上交易越来越受到客户青睐，这种融合也必将成为在线交易平台发展的趋势。

平台要赚钱，设计是关键

在线交易平台按照平台本身的类型可大致分为B2B、B2C、C2C、O2O几种，其主要盈利大致来源于：佣金提成、会员费、广告费、入驻费、推广等增值服务费等。而不管是哪种类型的平台，想要盈利，想要吸引买卖双方的目光，就必须在设计上尽可能满足双方的需求。

对于买家来说，总是希望能在平台上买到既便宜又货真价实的商品，希望自己的购物过程更轻松、更方便。因此，平台在设计时应在商品图片展示、商品评价、打分、排行上下功夫，力争做到更细致、周到，更符合买家的期待；而对于卖家来说，自然是希望能让更多的顾客通过平台看到自己主打的新品与热卖品，对此，平台可让卖家通过提供大量新闻、广告和在网站首页中使用大字幕、排行等方式来宣传自己的商品，尽最大可能吸引买家目光。

具体到平台的功能设计上，我们就以比较成熟的在线购物类平台模式为例。

在线交易平台的主要功能需求共分五大模块：权限管理、商品展示、商品交易、商品搜索和商品讨论评价。在权限管理模块中，要区分未注册用户和已注册用户。对于未注册用户，设计的重点在于能让潜在客户登录平台后，通过浏览新闻公告，论坛帖子，或是查看商品相关信息等功能了解平台的特色和优势，吸引他们注册。而对于已注册的用户，要能让他们方便地发帖，查看个人信息，修改个人资料，操作购物车，查看、修改订单以及进行商品评价。此外，要提醒大家，在权限管理模块中，切记要注重用户信息的安全性设置。

在商品展示模块中，要让买家能根据的自己需求在网站首页搜索到自己喜欢的商品或店铺的促销、打折活动。在商品分类上，可采用排序功能，按照商品品名，价格，人气等因素分类显示商品主要信息，以便买家能更迅速、准确地搜索到自己想购买的商品。

在商品交易模块中，要保证买家能完整操作购物车的相关功能，如添加、删除商品，生成、修改订单信息等。

在商品搜索方面，要保证客户输入的商品名称，商品类别，商品价格等信息都能够正常显示，为客户提供便捷的购物体验。

在商品讨论模块中，设计的重点在于让所有登录用户都能可以浏览到商品的评价信息以及分数。同时，也要保证卖家能在此模块中看到买家对商品的评价意见,以便及时作出改进,迎合买家的购买欲望。

猪八戒网:非实物交易的平台

2005年,受到刚起步的淘宝网启发,当时还在做记者的朱明跃产生了这样一个念头:既然网上能买衣服,那我为什么不把设计、建站这些既不需物流,也无须仓储的创意拿到网上来做交易呢?于是2006年,一个名字相当喜感的网站诞生了,这就是猪八戒网——一个可以进行非实物交易的平台(如图19所示)。

图19 猪八戒网交易平台首页

作为将自己打造成"中介",主要靠收取佣金作为盈利的服务类在线交易平台,猪八戒网的交易服务内容十分之广,具体包括:创意设计,如logo设计、宣传品设计、书籍装帧设计;营销推广,如网络营销、微博营销等;程序开发,如网站开发、软件开发等;文案写作,如起名取名、产品文案、短信彩信创作等；商务服务，如市场调查、商标专利、法律等；装修服务，如家具装修、建筑设计等；生活服务，如创意祝福、家政、DIY生活等；配音影视服务，如影视创作、配音等。

至于交易模式，猪八戒网选择的是悬赏模式和速配模式两种。

悬赏模式是指买家在发布任务前，先将任务赏金全额托管到猪八戒网，然后从众多服务商提供的作品中挑选出自己满意的。对于买家未承诺保证选稿的任务，如果买家没有找到自己满意的稿件，可申请全额退还任务赏金；对于承诺保证选稿的任务，如果任务周期结束后，没有服务商进行交稿，买家可以申请退还全额任务赏金。这种模式适合完成周期较短的任务，如文案写作。

速配模式要由猪八戒网来担保交易，事先冻结买家和服务商的诚意金，当买家发布任务后，由服务商进行抢标，最终由买家选定一位服务商来帮助买家完成任务。这种做法可以保障交易成功的概率：买家在满意作品后付款，可以确保资金安全；服务商冻结保证金，违约可先行赔付。如无人投标，猪八戒网将进行包括任务赏金和诚意金在内的全额赔付。有争议，专业客服来为双方调解。这种模式适合完成周期较长的任务，如网站建设。

猪八戒网的出现无疑在极大程度上为买卖双方提供了便利：对于买家来说，可以花较低的成本得到更多的选择，直至找到最适合自己的服务商，省时省力；对于服务商尤其是"屌丝"服务商来说，足不出户就能凭自己所擅长的技术找到目标客户，赚取报酬，在物质得到满足的同时，在与客户进行沟通的过程中也能锻炼个人不断成长。

截至2015年，猪八戒网交易总额已突破65亿元人民币，用户数量破1 300万大关。2015年6月18日，猪八戒网入选"2015中国最具投资价值公司100强"，并因成功融资26亿而成为中国最大的众包服务交易平台。对于未来，朱明跃说，他想以现有的交易平台为依托，延伸出教育、工作平台，进一步扩大"猪八戒"的格局。而至于可行度与前景，就让我们一起拭目以待吧。

第十六章　限制免费模式

免费是商业模式也是营销手段

互联网的限制免费模式,不外乎以下几种情况:限定次数免费使用、限定人数免费使用、限定免费用户可以使用的功能。创业者可以根据自己的实际情况,灵活选择合适的模式。

为了方便大家理解,我们首先分别说明一下这几种模式的特点。1.试用期免费:提供一个数月或一年的免费试用期,培养用户群体,试用期完结后再收费;2.限定次数免费使用:这种模式很好理解,就是在一定次数之内,用户可以免费使用,超出这个次数就需要付费了;3.限定人数免费使用:用户数量在一定人数之内,就是免费的,如果用户数量超出这个限定额,就要收费了。这方面常见的例子是企业邮箱服务,如果你的公司注册了某个域名用作企业邮箱,那么企业邮箱服务商可以获得5个以内的免费邮箱地址,超过5个就需要购买服务了;4.限定免费用户可使用的功能:免费用户可以正常使用服务，但是只能使用少数几种功能，如果希望获得更丰富的功能，就得按需付费。这方面的例子比较多，比如一些下载软件、网络游戏。

其实很多互联网公司初创时，我们都看不清其真正的盈利模式，必须经过烧钱和一段时间的市场培养，才能够找到挣钱模式。但是对于大多数创业公司来说，这种免费是必需的，也是非常煎熬的，不免费难以吸引人气，长期免费又使得很多资金不够雄厚的创业者在等待中倒下了。而限制免费创业模式就能够在一定程度上解决这个问题。一方面，可以用免费来吸引用户，一方面也可以对部分用户收费，补贴企业运营发展所需的资金。

创业者应该明白商业模式其实是一个复合的模式：它包括公司要做什么产品、定位什么样的客户、用什么市场营销手法、盈利模式是什么。具体到盈利模式，创业者所要思考的就更多了：究竟拿什么免费？免费服务是否能满足大部分用户的需求？在得到用户和免费的基础上，有没有机会做出新的增值服务？你的用户是否愿意为此付费？

在你做了如上思考后，对于限制免费模式的理解也就逐渐清晰起来。要特别提醒创业者的是，互联网上有一个有趣的现象：很多创业企业一开始就有着非常明确的创业模式，但是早早赚钱，反而不能做大。因此，即使是限制免费模式，也不要指望过早赚钱，你首先要做的是培养用户的习惯和不断增加用户规模。

↗ 互联网付费时代即将到来

免费模式会吸引大批用户体验，为自己积累潜在用户，这是不争的事实，但是，免费真的是人人都能做吗？答案显然是否定的，原因是，免费的门槛很高。

首先，硬件成本就不可忽视，即使现在的硬件资源越来越便宜，但总归不是免费的，每个月都会有账单发到创业者手中。其次是创业者的人力支出，一个有工作经验的开发人员投入开发几个月，按照大公司的月薪估算，研发费用就是好几万。

免费服务要承担这些成本，不外乎投放广告、拉投资，或者本身就是一个大公司的附属服务。但这真的是好方案吗？

如果创业公司以投放广告盈利，那么它就需要投入大量精力研究如何让用户看广告；如果靠投资维持，那么就要设法提高估值让投资人赚钱；如果本身是大公司的附属服务，那么就要引导用户到同一个公司的其他服务。而他们的共同点都是追求用户量，用户量就是最大的价值指标。

这是一场圈地游戏，大公司变得更大，小公司把脸打肿了充胖子。所有人都在讨论访问量、用户量，只有极少的公司在这场狂热中记得自己做的是什么产品。

在互联网免费模式下，盛行所谓的"羊毛出在猪身上"的理论，即获客成本的覆盖并非来自顾客而是来自第三方，包括广告主和风险资本。免费赢得用户，好产品带来口碑，用户口碑带来新的用户，最后形成千万级用户基数。有了庞大的用户基数，既可以通过增值服务向小部分客户收费，又可以通过广告的形式回收部分成本，更可以赢得风险资本的青睐，获得高估值。

互联网平台开始收费，在给用户指引着未来网络生活的新方向。一方面，在商言商，互联网企业存在的根本目的就是要盈利，"免费"和"补贴"就像是传统商家的优惠促销一样，只是一种暂时的营销方式，不管互联网厂商的思路是"圈人"还是"圈钱"，"免费大餐"的菜色和口味都会随时发生变化，随着互联网产业的不断成熟，"免费大餐"的餐桌还有可能被更多地收起。另一方面，高度竞争的互联网领域虽然尽可以"东家不买买西家",但用户在自由"用脚投票"的同时,也不会以"免费"或者"收费"作为选择某项服务唯一标准,必然还要综合考量互联网产品的方便程度和用户体验,互联网金融如此,互联网视频、音乐、阅读等产品同样如此。

除了阳光、空气和水,这世上不可能有永久免费的东西。免费只是手段,不是结果,互联网付费才是创业者的最终目的,也是大势所趋。

腾讯QQ:免费+付费的"小企鹅"

有人说,在中国,只要有互联网的地方,就几乎人人有一个QQ号。不管你是高富帅,还是穷屌丝,"小企鹅"都一视同仁,免费让你注册,聊天。从1999年的即时聊天工具OICQ到今天的腾讯QQ,小企鹅变的是功能,不变的是它的免费模式。那么,对于一个坚持了近二十年免费模式的企业来说,利润来自哪里呢?答案如下。

1. 增值业务收入。腾讯的增值业务可分为两种:一是以QQ会员、QQ秀等为代表的互联网增值业务。QQ使用是免费的,但要想成为会员、蓝钻、红钻,享有会员特权则是要收费的,此外,购买QQ服饰装饰QQ秀,购买用于免费QQ游戏的道具也都是要收费的(如图20所示)。二是以移动QQ、手机图片铃声下载等为主的SP增值业务收入。通过将QQ号码与手机号码绑定,使手机具备了移动QQ功能,并通过与电信运营商分成获得收益。

2. 广告收入。主要是通过在QQ门户网站广告栏里,以及QQ对话窗口里的banner广告和开始视频前的loading广告盈利。

3. 财付通。财付通是腾讯公司推出的专业在线支付平台,旨在帮助用户完成网上交易的支付与收款。因为买卖双方资金的注入，时间一长，财付通里就会沉淀大笔资金，可用作投资获利之用。

图20　腾讯QQ秀服务开通与充值页面

4. 品牌收益。腾讯将小企鹅的卡通形象作为品牌外包，不仅推出了QQ品牌专卖店，还将触角延伸至服装行业，在扩大自己的品牌影响力的同时还可以分享代理费分成。

不管想以哪种方式获利，有一定数量的客户都是关键性的前提条件。而腾讯之所以能获得丰厚的利润支撑自己不断发展壮大，就是得益于它的免费模式所累积起的强大客户资源。据统计，截至2015年6月30日，QQ月活跃账户达8.434亿，这8亿多用户就是腾讯盈利的基础。从最初以免费策略占领、培育市场，凝聚起用户资源，到将这份市场份额转化为利润，腾讯的成功为所有互联网免费模式内的创业者提供了借鉴。

第十七章 核心功能免费创业模式

免费模式为什么能赚到钱

如果说金融壁垒被打破,无界限网络支付大大方便了人们的生活,那么,免费服务时代的到来则足以让人们为之疯狂,让传统生意灰飞烟灭。

在互联网兴起之后,作为网络的安全卫士,金山毒霸从上市以来一直都是收费软件,而就在人们早已习惯了为之买单的时候,360免费杀毒软件横空出世,并扬言永远免费。有免费的好事谁会愿意错过?360很快占据了杀毒软件大部分的市场份额,虽然金山曾质疑过360的免费模式,但在固执地坚守了一定时间之后,金山毒霸出品方金山安全宣布与另一家安全厂商可牛合并成一家独立公司——金山网络,并最终决定当时年收入上亿的金山毒霸彻底免费。

杀毒软件免费让全国人民第一次知道,互联网世界真有很多"掉馅饼"的好事,后来,上网又有了免费WiFi,于是又出现了更多的网上免费电话，免费网络游戏，自然，免费的手机应用APP也就更多了。现在，人们只要有一部智能手机就能在公共场合免费蹭网，免费视频聊天、听歌、读书、看电影等。

越来越多的服务开始免费了，而那些依然还在收费的服务提供商开始紧张了！甚至中国最大的通信运营商——中国移动也发现了，其最大的竞争对手不是联通而是免费的微信！

360杀毒软件免费了，但是360的股票市值却增加了，这是怎么回事？原来，360通过推出免费杀毒软件成功捕获并锁定网民，通过强制网民使用360安全浏览器、360导航等获得大量的搜索广告费及其他网站支付的流量费用。

听音乐免费了，但是音乐产品本身却更值钱了。消费者虽然在听音乐时不用再付费，但是听音乐的设备是要付费买的，参加演唱会也是付费的，于是人们为了听免费的歌曲，心甘情愿地买了更多的音乐播放器；享受了免费的音乐后，有了更多的冲动，又会花更多的钱，去演唱会同歌星一起high。

玩游戏免费了，但是游戏公司同样是盈利的，其利益来源除了游戏中植入的广告，还在于游戏中的增值服务。游戏商通过提升游戏的好玩度和免费玩吸引并留住更多的玩家，进而通过让玩家当中支付能力较强的那部分人购买游戏道具盈利。

手机APP下载免费了，事实上这部分费用流向了推出APP的商家；WiFi免费了，事实上这部分费用流向了从免费WiFi提供商那里购买大数据的商户们。

免费为王的游戏规则

巨人网络的游戏，不但免费玩，还给玩家付工资？传统游戏人会觉得不可思议，但是最后算下来，收益率却高得惊人。这一模式已经成为中国游戏领域的黄金法则。

《植物大战僵尸2》在全球都是付费下载，只有中国是免费下载，但是、只有中国市场，付费道具最贵！这也算是本土化的一个范例了。

中国网民和欧美网民最大的差异就是喜欢免费的内容，因为从互联网进入中国的第一天开始，互联网对于中国人来说就是免费的，比如新闻、电影、音乐等，就连本来中国玩家接受按照时长付费的网络游戏，也被史玉柱先生改变了玩法，游戏变为免费，而玩家可以在游戏内付费购买各种装备道具。

以拥有几亿用户的QQ为例，普通的一款即时通讯软件，以免费的门槛招揽了海量的用户，而且围绕这个QQ平台上的诸多产品，也都是免费的模式，比如QQ空间、QQ音乐、视频、游戏等等，而免费的背后是，每个产品都提供更深度的高级别服务，而这些高级别服务就成为核心盈利点，以QQ空间为例，当普通用户升级为黄钻用户后，就可以在相册容量、好友访问记录等多个方面获得扩充。而用户恰恰更能接受这种个性化、看得见的消费。

我们也可以从这样一个游戏玩家的身上看清这背后的情况，比如休闲舞蹈类游戏《QQ炫舞》，玩家可以通过在舞蹈内购买自己的虚拟形象和道具来装备自己的形象，使自己看起来更炫更靓，所以这位玩家会省吃俭用买几千块的游戏内虚拟服装，而现实生活中，她可能只是一个三线城市的护士，工资也只有2 000元而已。

↗ 你一定要知道的14种免费模式

财经研究网站Zingfin.com创始人巴拉吉·维斯瓦纳坦（Balaji

Viswanathan)曾经介绍过互联网上的免费服务都是怎么赚钱的,供各位参考。

1. 免费增值模式(Freemium model)。它提供免费的产品和服务,对于增值服务收费。大多数的SaaS(软件服务)产品都采用这一模式。

2. 限期促销(Limited period promotion)。它让用户免费试用产品一段时间,试用期限到后再收。例如,37 Signals的大多数产品都有30天的免费试用期,之后会收取费用。但要对试用期进行控制是一件困难的事。

3. 定向广告模式(Targeted advertising model)。它尽可能地了解用户,然后推荐与其需求相关的广告。例如Facebook和谷歌。

4. 赞助模式(Sponsorship model)。如果你的产品是直接为政府等重要机构提供服务的,你可以向他们寻求赞助。例如Khan机构就是由盖茨基金和Google资助成立的。

5. 维基模式(Wikipedia model)。你可以从用户处获得捐赠。许多wordpress插件、开源工具以及维基百科都是这么做的。未来的报刊行业也可能靠这种方式获利。

6. 吉列模式(Gillette model)。吉列亏本销售剃须刀,为的是从相关产品刀片的销售中获取更多利润。在互联网上也是一样,例如,你可以推出一款免费的在线文档编辑服务,然后对将在线文档导出到本地设备这一过程收费。

7. 开源模式(Open Source Model)。它提供免费产品,然后从产品的安装、维护和定制化服务中获利。大多开源软件都采用这种模式。

8. 按使用量收费(Usage charge model)。它与增值服务模式相类似,旨在提供免费版本的产品,仅当用户对产品的使用超出限定额度时收费(但包括Dropbox在内的诸多存储设备在采用这一模式后曾出现用户流失)。

9. Zynga模式(Zynga model)。它通过应用内购来销售产品,或是在游戏中植入产品推荐功能。

10. 追加销售模式(Upsell/Cross-sell)。部分产品免费向消费者提供,再销售相关的高级产品获得收入。例如，如果你运营一个财经网站，你可以免费提供股市数据，然后对这些数据的深度分析报告和理财工具收费。

11. 品牌效应模式（Build a brand）。它通过免费产品建立品牌，然后借助品牌效应来销售其他的相关甚至非相关产品。

12. 联盟营销（Affiliate marketing）。网站 A 为网站 B 设置广告按钮，然后从为网站 B 带来的销售额中获得报酬的一种广告系统。某些广告主通过这种方式获得市场。

13. 卖给谷歌（Sell it to Google）。为你的产品网罗一大批用户，吸引微软或谷歌这样重量级的买家。Freebase、Powerset 等公司都是通过这种方式迎来重生的。

14. 让你的下一家公司成功。如果上述盈利模式都不成功，你依然可以经由运营一家成功的非盈利公司来建立个人品牌，为你的下一家公司吸引投资。

小米手机：硬件不赚钱，服务赚钱

雷军得出一个结论：在互联网时代，唯一不会被打败的生意，就是胆敢做不赚钱的生意。于是，他从一开始就不指望小米能在三到五年之内盈利。

2010年1月，雷军找到了启明创投的童世豪，说明了融资需求。启明创投之前和雷军有过合作，并且有着不错的信任基础。启明创投正式投资是在4月份，他们做了很多准备工作，包括调研和财务沙盘模型，最后才下了投资的决心。童世豪便打电话告诉雷军结果。

雷军说："有一点我需要提前说明，小米科技在三到五年内是不准备盈利的，如果启明想要收到短期利益的话，最好慎重投资，也可以选择不投。"

这句话雷军对所有的投资人都说过。这种想法与他用互联网的方式做手机的思想紧密相关。从接触互联网以来，将近10年的时间，雷军一直都在研究这个领域的规律。渐渐地，他发现在互联网上成功的企业，几乎无一例外刚开始的时候都是不赚钱的，它们的大部分服务都是免费的。

其实对于互联网的免费法则，雷军早在创办卓越网时就已经运用娴熟。卓越网当时的竞争对手是当当网，雷军用打折的手段和当当网竞争，来争取用户。

他渐渐地发现，电子商务的核心就是比谁拥有的消费用户多，只要用户存在，以后总是持续消费的。

有人质疑小米的盈利模式："小米手机不靠硬件赚钱，那么究竟怎么盈利？"

"10年前腾讯怎么赚钱，今天我们就怎么赚钱！"雷军说。

腾讯QQ的软件客户端在Windows上的使用是免费的，但腾讯却成了中国最赚钱的互联网公司。因为QQ是所有人都要使用的软件，是所有人每天必经的入口，如果QQ能保持成为用户的入口，只要发现赚钱的机会，腾讯就可以加入。

雷军认为手机是目前人们唯一不可或缺随身携带的电子设备，未来所有的信息服务和电子商务服务都要通过这个设备传递到用户手上，谁能成为这一入口的统治者谁就是新一代的王者。三到五年不准备盈利，雷军其实是想要占据一个入口，像谷歌和360那样，只要用户足够多，以后通过终端销售内容和服务就可以盈利了。

经过一系列的探讨，雷军最后确定了小米手机的策略：在不赚钱的模式上发展手机品牌，软硬件一体化，定位中档机市场——1 999元（如图21所示），价格不高不低，基本配置往高端机靠齐，甚至领先。强烈的性价比形成很高的进入壁垒，很容易成为小米手机的竞争优势。

第十七章　核心功能免费创业模式

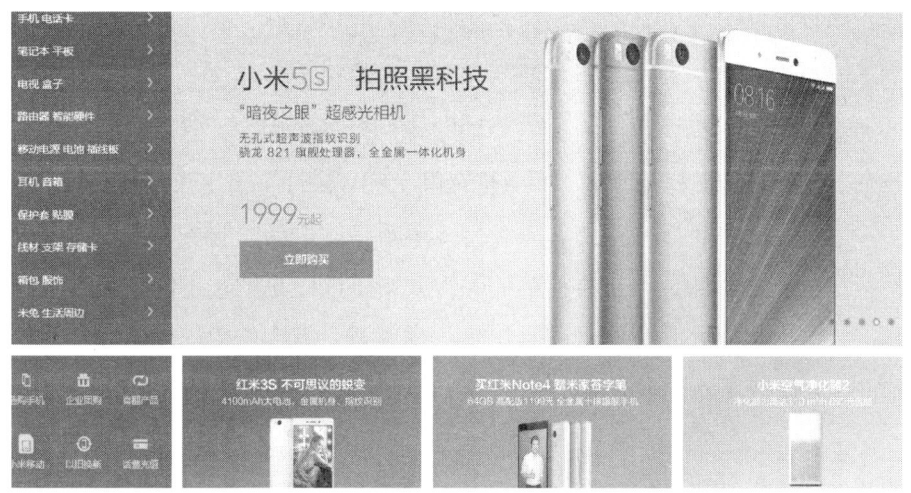

图21　小米商城首页手机展示

于是，小米手机从一开始就不准备用硬件挣钱，初始定价为1 999元，基本上接近成本，而内置的MIUI系统也是免费的。这种颠覆性的营销模式很快就取得了成效——小米手机刚卖一星期之后，就处在中国市场手机品牌第九位，在所有国产手机里排第一位，而它的百度指数是36万，热度达到了iPhone4S热度的三分之二。

高性价比使小米在半年内卖出了180万部，反而实现了微利。后来小米又和联通、电信合作，用户预付一定的话费就可以免费拿到小米手机，开发了另外一种免费模式。

就在小米手机发售不久，有很多家维修企业托关系来找雷军，申请小米维修。雷军这才知道，原来售后服务也是很赚钱的生意，但他委婉地回绝了这些企业。

"互联网创业，免费才是王道。维修如果赚一分钱，就是我们的错误，要抱着这样的决心。今年我们的最大动作是售后服务总动员，一定要把售后解决好。"

传统消费电子产品，总是一次性销售，将产品卖给用户之后，唯有当产品出现问题，才在返修的时候接触用户，而小米的互联网玩法完全是反其道而行之，卖出产品，只是第一步，随之是通过产品建立一个连接用户的通道，通过后续源源不断的内容和服务，来吸引用户，然后挖掘出新的收费盈利点，这就是互联网人天天挂在嘴上的"黏性"。

体验经济源于服务经济，只有持续不断地提供新的服务和内容，才能持续提供新的体验，而这种持续的黏性，带来的就是欲罢不能，最终引导用户为高级内容付费，而且一旦产生一次付费，就会产生连续的效应，就形成一条源源不断的现金流。

第十八章 众筹创业模式

📈 众筹：让用户投资

"众筹"相信大家都不会感到陌生，这是近年来兴起的一种创业模式，即通过网络面向公众筹集资金，融资方以相应的产品或服务作为回报，禁止股权、债券、分红、利息形式的交易。

"众筹"这个词最早源自西方国家，意指以展示创意的行为，获得大众的资金援助。之前在国外，说起创业启动资金紧缺，第一时间就是上众筹网；而在中国，不够钱，第一时间就是找老爸、找投资方、找银行。相较之下，中国创业项目融资失败率高、起步时间长的必然性就可想而知了，这一现实，也反映出东西方创业观念的差异以及资本市场对创新、创业包容性的高下。

但是近些年来大众逐渐认同了这种投资手段，众筹也流行起来，这对整个创业圈以及资本市场带来的冲击是巨大的。对于创业者来说，众筹更是一个非常棒的创业模式，试想一下：某天，你想开个小公司，把创业计划书往网上一放，不用几天不仅你的资金凑齐了，顺便连你的合伙人、员工都招募到了。

2013年5月，黑天鹅图书得到了腾讯内部员工撰写的一部书稿——《社交红利》。拿到的第一天，黑天鹅图书就意识了书稿的价值。

一位新浪微博的高层，向黑天鹅图书推荐了众筹模式。众筹的核心是众人付费来支持一个项目，几个特质恰好符合社交网络传播的关键：首先，众人因为对某一个项目和发起人的信任，而会给予支持。其次，成为支持人后，为了推动项目更大成功，参与者会变成一个新的传播源头，推动项目更快速前进。在微博和微信中，最好的传播正是用户积极主动地参与一件事情，并发动起身边的朋友们一起参与。

这个建议立刻得到了黑天鹅图书的响应，并与众筹网一拍即合。对于众筹网来说，值得信赖的项目同样是他们需要的。

在这时，黑天鹅图书尚未意识到互联网金融在业界所受到的关注，众筹也未意识到这次合作将带来的启发。

7月26日23时56分，众筹网正式挂出了页面，向网友推荐《社交红利》这本新书。此后的一个小时内，迅速有5名用户下单支持了7本新书，共募集了210元钱。

这个结果让众筹网和黑天鹅图书非常惊讶。在周末，凌晨，这样两个互联网流量最为低潮的时间段内，一本新书能以这样的速度获得认可，显然有些不可思议。为书做推荐的18位知名CEO显然起到了非常巨大的作用。此后，书的预售募集在众筹网诸多项目中遥遥领先。

期间，众筹网还多次增加了回报的形式。此前，众筹设定了10多次和作者一起喝下午茶畅谈交流的机会，没想到这些名额被迅速订完，许多参与者私信要求网站增加更多名额。为此众筹甚至增加了最高为1万元的机会。同时，众筹网与磨铁都观察到一个现象：在《社交红利》开始募集之后。平均每位参与用户购买了6本新书，并且这个平均数还在缓慢上升，到最后达到了平均每人15本。这也和众筹的核心息息相关：一个好的项目，大家愿意分享出去，推荐更多人来参与——尤其当项目获得信任的时候。

2013年8月9日，快要下班的时候，磨铁黑天鹅图书部门接到众筹网通知，他们在众筹上发起的一本名叫《社交红利》的书，已经完成了计划中募集工作，筹得预售金额10万元。此时，距离项目启动，正好用时两周。

对《社交红利》这本书来说，黑天鹅图书借助众筹网这个平台，在出版过程中邀请读者参加，让读者获得了一种全新、独特、参与感强的阅读新体验。购书者亦可根据自己的意愿进行多样式体验，获得图书、作者签名、纪念品及参加作者读书会、签售会的机会。

继磨铁后，更多的书籍开始登陆众筹网尝试这种新的社会化营销。例如，乐嘉的新书《本色》通过众筹网，在一天时间内就获得了330位网友的支持，筹资超过15 000元。

架设创业者与投资者的鹊桥

如前文所述，如果你有一个好项目，那么众筹就是一个非常强大的创业筹资工具。我们知道，在中国，很多时候投资者和创业者是资源不匹配的：创业者众多，但是能拿到投资的很少。有很多创业者就倒在了距离成功不远的路上，原因是没有钱继续支撑下去。而众筹网的出现，就解决了创业者的融资问题，通过互联网可以将双方的资源进行合理匹配，现在已经有越来越多的创业者加入到众筹大军中来。

说起来众筹创业的模式是比较简单的：创业者所要做的就是把自己的项目内容以及能够给投资者带来的价值等信息上传到网站，并且提出希望获得集资项目的金额，项目就可以上线向大众公开筹资了。

我们必须再次指出，对于创业者来说，尤其是产品科技含量较高的创业者来说，众筹是一种再理想不过的创业模式，而不仅仅是一种融资模式。

1. 众筹能给创业项目做一次很好的宣传。在互联网上做众筹，等于是把产品提前推广上市，通过媒体和网友的分享做了一次预传播，而且还是完全免费的，操作得当甚至能够掀起一阵风潮。

2. 众筹能够帮助创业者迅速找到人脉、资源的支撑。无论你的项目筹资成功还是失败，你都可能会获得一些支持者，总会有人欣赏你的产品，你可能会获得很多意料之外的支持。

3. 众筹颠倒了传统的价值链，客户变成了第一个环节。这一点很重要，客户会知道自己要什么，按照客户的需求来设计产品、卖产品，更能迎合客户的心意，产品正式销售后成功的把握也就更大。

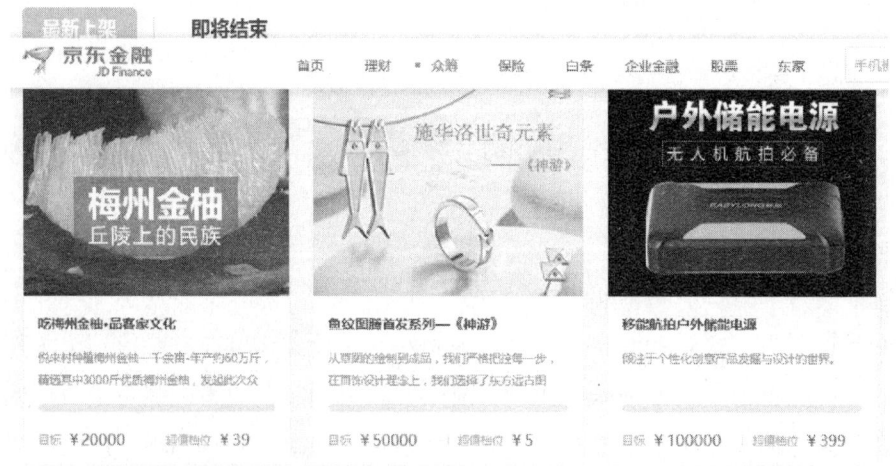

图22　京东众筹平台上正等待"孵化"的商品

目前，创业创新蔚然成风，一些享有良好口碑的众筹平台也不断涌现，比如众筹网、京东众筹（如图22所示）、淘宝众筹等，毫不夸张地说，众筹这种新型投融资创业模式将深刻地影响中国经济。谁能搭上这列快车，也就抓住了下一轮互联网金融发展的重大机遇。

创业者这样做好众筹

众筹作为一个模式清晰的创业工具，要把它用好却并不简单，如果你认为只要找好一个众筹平台就能轻松做大做强，以为只要你的回报足够丰富，就能获得足够投资，那么就大错特错了。众筹的主旨是开放、共享、共赢，但你对众筹的运作必须要有安全和稳健的风控系统、精准的时机把握。

那么，创业者怎样做才能提高完成众筹目标的概率呢？这里有一些经验要跟大家分享。

1. 选择众筹平台要慎之又慎。在选择众筹平台的时候，一定要看看平台的背景和实力，靠谱的众筹平台能够给你更专业的服务和更好的保障。此外，虽然所有的众筹平台都是为了帮助创业者在网上找到投资人，但是每个平台都有自己的特点，比如淘宝众筹偏综合，以预售为主；众筹网合作资源丰富，项目数量大……你需要根据自身项目的特点谨慎选择。一句话，在开始众筹项目之前你应该对尽可能多的众筹平台进行研究和比较（众筹市场的规模、活跃投资人的类型、特定众筹平台上的投资人的投资喜好），找到最能满足你需要的那一个。

2. 在融资规划上保持理性。这里主要说的是融资规模和项目持续时间，为什么要强调这一点呢？因为很多创业者往往会对自身的项目过于乐观，他们相信自己能够在很短的时间内筹到巨额资金，融资规模和持续时间也往往容易脱离实际。事实上，我们在众筹之前要考虑一下自己到底需要多少资金，这些资金除了众筹是否有其他渠道可以筹得？制定一个合理的融资计划，能够帮助你提高成功率。

3. 用一切办法勾起投资人的兴趣。当你有了一个不错的创业项目，并且希望通过众筹来融资创业时，要记住项目"很好"只是你认为的，你必须做大量的准备工作，说服投资人，让投资人对你的项目感兴趣。比如，你可以完善自己的文案，一个好的文案可以产生更多的代入感，让自己的真诚梦想来感动别人。

4. 合理定价，注重回报。众筹的本质是投资项目，投资人理应获得一定的回报。目前，众筹项目给投资者的主要是物质回报，考虑到创业者本身在物流、生产等方面没有特别好的保证，价格上应该更低廉一些。

国外最成功的5个众筹项目

相对而言，国外由于起步较早，众筹发展得要更成熟一些，创业者们利用众筹完成了很多成功的创业，这些众筹项目也能给我们带来很多启示。

全新高清智能可视门铃Skybell：你想知道谁在你门外吗？Skybell将通过智能手机应用程序进行，它配备摄像系统、音频和麦克风。无论你深处何处，都可以用手机说话、聆听、留下指令，并且可以看到你在和谁说话。这款SkyBell推出的最新产品向用户提供了1080p的视频分辨率，同时实现了按需实时视频串流，这些视频片段也可以享受免费存储服务。

家用专业3D打印机Form1：3D打印机被誉为"最具潜力的新兴消费技术"，未来它甚至可能彻底改变我们的家庭生活。但是现在3D打印似乎离我们普通人的生活还很遥远，那么如果有一种我们负担得起的专业打印机,你是不是会很动心呢?来自MIT媒体实验室的研究人员创建了Form1,在众筹平台上推出了家用专业的3D打印机。结果是Form1超越了它原来的10万美元的筹资目标,获得了2 000多名赞助商的支持和300万美元的投资。

户外运动智能眼镜Ctrl One:这款智能眼镜主要为户外运动爱好者而设计,比如骑行和长跑爱好者。它的镜片能够根据周围环境的光线变化,迅速自动调节镜片颜色,比如由黑到透明。是不是很酷呢?

外形酷、体积小的智能扬声器系统 Hidden Radio 2:这是一套令人难以置信的扬声器系统,音乐发烧友的福利。创造者带来了其更新版——Hidden Radio2。它的操作简单至极,你只要触碰扬声器系统本身就可以实现调节音量等功能,适于家庭或办公室使用。

户外便携防溺水设备Kingii:这是一款非常实用的便携设备,在游泳前,你可以将它戴在手腕上。遇到紧急情况时,用户可以拉动银色手柄,一个小型个人浮垫就会自动充气,让溺水者浮上水面。如果是在野外,用户浮上水面后,可以较长时间抓紧气垫,等待救援,更为贴心的是设备的手带上还有指南针和哨子,可以帮助用户辨别方向和呼救。

第十九章　流量变现创业模式

↗ 互联网时代，有流量才有价值

过去的创业经是"有人流就有商流"，互联网时代的创业经是"流量就是商流"。

不管是经营什么卖场，如果卖场本身没有什么能吸引顾客经常想到你，经常来看看你，你只能不断花钱去提醒他，直到他有消费需求的时候来找你。如果产品本身的吸引力让顾客常去看看，而且还消费了，也就是说这些流量无须花钱去买，还会把钱给送来，自然再好不过了。哪怕那些常客送的不是大钱，但也必然会造成人多的气氛。

正如谁都愿意去很多人等位的饭馆吃饭，大多数人去了宜家看到熙熙攘攘的客流都会感觉很有购物欲。

互联网经济的核心是流量经济，有了流量便有了一切。在电商行业，有了流量还要有重复购买率。雕爷认为，开餐厅的逻辑也是一样的。

雕爷牛腩（如图23所示）的两家餐厅开在朝阳大悦城和颐堤港。前者是成熟的商圈，后者还在培育期。但两家店都是商场餐饮层较偏的位置。对于怎么引来流量，雕爷的办法是微博引爆。此时，封测的另一个价值就体现出来了：传播价值。

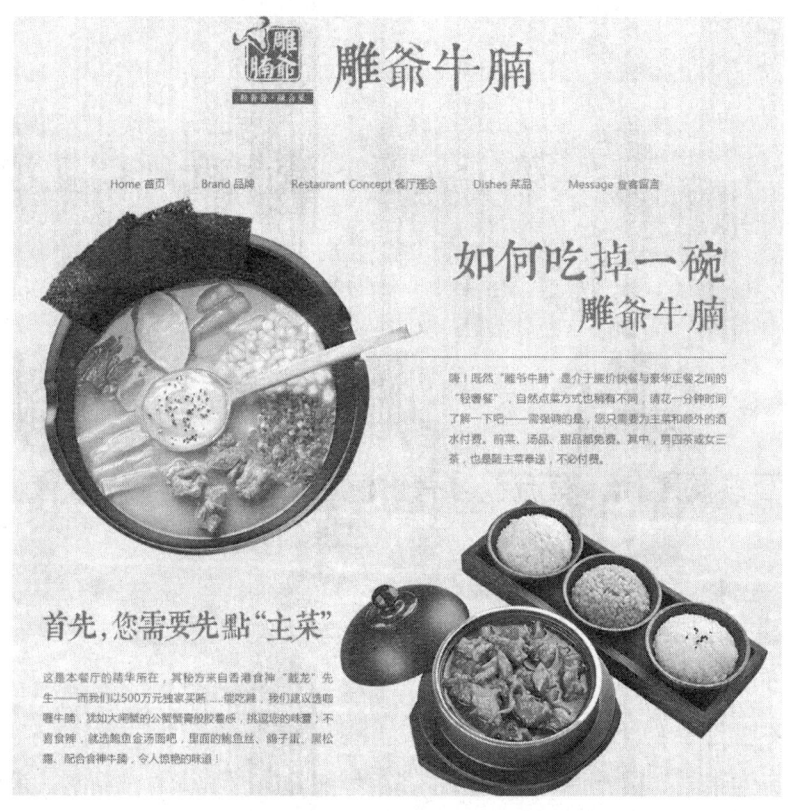

图23　雕爷牛腩官方网站点单指南

餐厅玩封测，流量的效果几乎在雕爷的预料之中。这一灵感来自于Facebook。

Facebook创业之初，没有哈佛大学后缀的邮箱根本不让注册，人的心理就是这样，越不让注册越有神秘感，因此，当时所有常青藤大学的学生都拼命想挤进去看看，而等Facebook开放常青藤大学的时候，所有非常青藤大学的学生们，也都想挤进来。于是扎克伯格轻易获得了最初的成功。

在雕爷牛腩的封测期，只有受邀请的人才能来吃。受了邀请的，往往会发微博或者微信说说自己的消费体验，既然受邀请，吃别人的嘴短，吃了又不说好的是少之又少的。于是，各路明星、达人、微博大号们纷纷在微博上帮着吆喝，最初的传播效果就有了。

开业前夕，雕爷牛腩又利用微博玩了把大的。比如邀请苍井空到店，被微博大号留几手"偶遇"并发微博。苍井空自己在微博上证实之后又引发了网友4.5万次转发，成了当天微博热门话题。

但在微博炒作过程中，雕爷牛腩也没少挨骂，比如店里规定不让12岁以下儿童进入，就引来了极大的争议。对于餐饮行业的批评也会引来骂声，但雕爷依然乐呵呵帮着转发这些骂他的微博。他坚信自己的方向用流量才是王道，而有争议才能有流量。

"互联网最有意思的是粉丝文化，往往某个产品做得不错时就会形成'死忠'，一个产品越有人骂，'死忠'就越坚强。"雕爷指出，小米手机从诞生第一天开始就不停有人骂，而米粉们总是奋起反击。一旦有了一定量的粉丝，那些提出批评的人就容易与粉丝形成骂战，骂战的结果就是流量的大涨，产品大卖。苹果、小米手机已经证明了这一点。雕爷牛腩在微博传播过程中也培养了一些忠实的粉丝。

一方面是微博高关注度，另一方面封测期不让普通用户进入。这种神秘感引发的消费欲望便会在开业后爆发。

敢于为流量支付成本

在淘宝这个大平台上，如果没有推广，消费者根本不会知道。"第一批顾客都是用钱烧出来的。如果哪个互联网创业者说他没有烧钱就成功了，那是假的，也有不少烧了钱也没有成功的。"坚果类淘品牌"三只松鼠"创始人章燎原认为，关键是这些钱花出去能不能回来。

毛利50%的坚果产品，淘宝推广费用占销售额的30%，疯狂吗？

"用传统品牌运营的角度来看，这是不健康的，我自己都觉得这不健康。"章燎原说。但在他看来，初创企业做营销就是吸引新顾客留住老顾客。有了第一批顾客才能形成口碑营销，而吸引第一批顾客的关键就是商家首先要学会卖货，通过打折和强推广来吸引顾客。

但这种大手笔的投入，让"三只松鼠"在上线仅4个月之后的"双十一"淘宝大促，日销800万元，知名度和曝光度也随之爆发，正如章燎原所期待的那样。

"双十一是一次有预谋的行动。"章燎原说。从2012年6月19日上线开始，三只松鼠就开始在准备"双十一"这一天的爆发。就像线下品牌，渠道准备充分之后，要来一次高空广告强有力的轰炸，"双十一"就是其品牌规划的临界点，希望在这个点上能一举成为"第一"（销量）。

章燎原认为，在互联网上的推广费用实际上同时也起到了广告的作用，但现在很多人仍然没有将互联网的推广和广告结合起来。在做推广中，他发现去年坚果类新品牌商家在直通车和钻展上基本不做推广，广告价格比较低。这些不做推广的品牌一方面他们活得还可以，另一方面觉得一时看不到价值，觉得推广贵。"其实做1 000万元的广告，立马能卖2 000万元的货。"章燎原认为，这样的投资回报是很合算的。

在"双十一"之前的四个月当中，其实就是在流量和推广上做铺垫。当时章燎原给团队提出了很多要求。

首先，占流量入口，"我们希望有一个单品在搜索流量入口在全国要达到40%，占据前三的位置。"章燎原说，"当搜索流量达到40%，占据全国前三时，顾客的二次购买率和口碑转化率如果达到20%以上，这个对新品牌来说是一个比较高的值，就可以再加大推广。"

他进一步说明，6月份上线，8月份的目标是进入坚果的前10名到前20名，10月份的时候希望占据或并列坚果类的第一，保持流量等各种指标均衡。

流量的构成有钻展流量、直通车流量、活动流量等付费流量，还有一部分慢慢累积的免费流量，就是那些直接搜"三只松鼠"这个品牌名的消费者。

"6月到10月我们完全是亏本的，我们的考核指标就是二次购买率和口碑转换率。"

"三只松鼠"有一个数据推广部门，数据分析的对象包括：每天的销售额、来自于哪些流量、多少来自于老顾客等，然后针对这些制定每次投放的计划。

"与传统企业最大不同在于，每一次的推广，都能获得数据的支撑。我们很多时候投放广告，不一定去追求产出怎么样，而是在于获得这些数据，对数据进行分析后知道下一步怎么做。前期做不好没有关系，有了数据，我们只会越做越好。"在他看来，事情变得更便捷。

只有这些都准备充分之后，才可能有一次借势的爆发。"那一次双十一，我们的目标是500万元，但后来超出了预期，有800万元。"章燎原说。

三只松鼠天猫、京东等平台站内做推广。"这些网站的流量很大，而且可以在前面拦截一部分消费者，未来可能会在站外做一些推广。"章燎原说，这要根据据消费者的变化来定。

↗ 创业者提升流量的十种方法

就像前文所说的，对于互联网创业者来说，流量就是一切。那么新生网站如何快速提升流量呢？

1.搜索引擎优化。为你的网站进行搜索引擎优化（SEO），在这个人们对搜索引擎具有超强依赖性的时代，搜索引擎优化（SEO）成为每个网站提升流量的首选方法。

2.付费搜索引擎。如果你从搜索引擎得到更多的流量，而且你手头还算富裕，那么你可以进行付费搜索引擎营销（SEM）了，SEM获得流量的速度更快。

3.电子邮件营销（EDM）。通过向你网站目标客户群体发送你网站的产品信息，吸引更多的访问量。

4.网络广告。通过一些网络广告联盟平台去为你的网站做更多的网络广告，吸引流量。

5.网站合作。给其他网站提供免费的文章，并且链接到你的网站，提升自身网站的名气。

6.发展网站会员。利于你自己的会员发展他们身边的朋友也来访问你的网站，但是需要给你的会员一点好处。

7.免费的杂志或是产品目录。对注册过你网站的会员免费赠送你的杂志或是产品目录，吸引他再次访问你的网站。

8.策划不定期的调查或是抽奖，让用户经常关注你网站的调查结果和参与到你的抽奖活动中来。

9.发布免费信息，去一些分类信息网站上发布你网站的最新活动或是促销信息，让更多的人来访问。

10.交换链接，和有相互补充作用的网站(但不是竞争对手)交换链接。

对于以上增加网站流量的方法，如果每一点你都能做好，那么你已经成功了。

hao123浏览器：这样靠流量赚钱

初中毕业生李兴平所创办的hao123，作为一个简单得不能再简单的网址站，风靡了整个低端网民群体，一度占领了全国网吧50%以上的浏览器主页。国内很多草根网民的上网经历，就是从点击hao123开始的。因巨大的流量及广告收入，该网站之后被百度以千万美元收购。

首先，用hao123的人很多，所以hao123对用户是有用的。用处就是能够让大部分人通过hao123方便快速到达各个用户想去的网站，也就是说hao123为那些网站"介绍"了用户，而对于那些网站，用户中有相当一部分就是他的客户，比如京东商城。

既然hao123能为京东商城带去客户，那么hao123跟京东商城收"介绍费"是很正常的，所以hao123从京东商城那里收到了"介绍费"，也就是广告费；同理，淘宝网、1号店、苏宁易购、亚马逊等也是如此。

hao123同样可以收"介绍费"——广告费，而这些广告费的多少就根据hao123"介绍"用户的多少来定，就是所谓的"流量"，网站流量大，赚取的广告费就多。

那么，其他网站为什么要给hao123广告费呢？比如搜狐、新浪、163？搜狐、新浪、163并不卖东西啊？从hao123点击搜狐的网站后，搜狐为什么要给hao123费用？

首先，你要明白一个道理，搜狐、新浪、163这些是以盈利为目的的公司，在搜狐、新浪、163上打一个广告，1个月甚至高达几百万，为什么？因为很多人在通过这些网站看新闻，获取他们想要的信息，那么商家的广告有可能是对这些用户有用，那么商家就卖出了产品，或者提升了商家的品牌知名度，商家就付广告费给搜狐、新浪、163；而这些用户就是通过hao123点击搜狐、新浪、163的链接，才打开了他们的网站，那么搜狐、新浪、163必然要为hao123付广告费，这就是hao123赚钱的模式。当然，hao123还有其他的赚钱模式，这里不再详述，与360的赚钱模式类似，就是业界的"靠流量赚钱"模式。

第二十章 返利创业模式

返利模式，到底能走多远

随着网站购物的流行，很多网络商城为了扩大销售，会将一部分利润分给推广者，推广者为了吸引会员，又会将这部分利润与用户共同分享，这就是返利网。这样的返利网在美国已经很流行，比如yourhotdeal（北美海淘返利网），24小时推荐介绍各商家的打折促销信息，同时提供全网最高的返利比例。而随着互联网经济的发展，返利网在中国也将有非常广阔的市场和发展前景。

说起返利，常见的模式有两种：1.传统返利模式：消费者选定商品，从返利网入口购买，原价支付100元，1到2个月后返还消费者20元，此外消费者还可以通过邀请好友一起购买来获得更多返利；2.大众返利模式：消费者想购买某个商品，那么可以选择从返利网入口购买，假设商品支付了100元，1到2个月后返利网返还消费者20元。不过现在部分大电商也推出了自己的返利模式，消费者又多了一项官方返利模式可选择（如图24所示）。

图24 返利网APP返利商城展示

这种单纯的返利模式能走多远呢？

有一种观点认为，商家总是以赚钱为目的的，如果商家把更多的利益返给消费者，那么就意味着商家本身的利润在减少。为了保证利润，如果选择提高价格，就会降低竞争力；如果选择降低商品质量，就会损害自身的信誉。不仅如此，消费者对于商品质量也是非常重视的，一旦商品品质下降，他们马上就会察觉，这样一来，即使总是给较高返利，商家的生意也难以为继，返利网自然也就无法实现自身的发展。

上述观点不能说是错误的，这也是接下来我们要说的——单纯的"返利"模式并不具有强大的吸引力黏住客户，除非能够做出特色来。这方面我们不妨借鉴一下返利网的经验。"返利网未来的角色是一个综合的SNS社区，是一个B2C的导购角色"这是返利网CEO葛永昌一直在强调的。返利网创立于2006年底，初始资金只有10万元，而在目前返利网已经在返利之外又设置了简单的社区功能，现在每一天其社区内都有数万次的购物经验分享、上万张照片的分享。此外返利网也在尝试尽可能地优化流程，便利消费者：以返利网为入口，消费者可直接登陆100多个电商网站，消费者不仅能够从返利网得到返利、折扣券，还能享受到其提供的商品导购及团购服务。就这样，返利网的角色定位不是一个单纯的推广者，而是一个网购链条的利益分享者。

返利应该说是一种较为简单、盈利模式又很清晰的创业模式，同时也是网购交易链的有力补充：这种集中的返利网能够将消费者最大限度地聚集起来，这就弥补了商家知名度小、信息面窄的弱势；同时这种返利是由返利网返给消费者的，也在客观上增加了消费者对网购的热情；对于商家而言，这部分利润也可以视作推广费用，他们换得的是客户和流量。

海淘返利网跨境新模式

近年来，越来越多的人加入了"海淘大军"，但是"海淘"不仅需要网友具有丰富的网购经验，还要熟悉关税、转运知识，而且要具备一定的外语能力，而庞大的需求和现实的困难就催生了海淘返利网。现在越来越多的人开始了解到，跨境海淘最简便、最省钱的办法是使用返利网，通过返利网站进行海淘，可以从返利网站获得一定比例的现金返还，最高可以返还30%。

返利在国外已经发展得非常成熟，相较而言，国内用户还比较陌生，用户常抱有担忧："是不是商家先提高了价格再以返利为由卖给消费者？"事实并非如此，通常商家拿出很多费用来做广告吸引用户，而现在拿原本用来广告宣传的费用回馈给用户，这就形成了返利。

其实，早在2011年，就有返利网在跨境业务上做过尝试，但是由于当时海淘人群不够多，没有做出太大成效。直到2014年底，跨境东风兴起，在政策上，有保税区、降税，在物流和支付上，也出现了比较成熟的第三方公司，不少跨境平台商爆发，跨境返利元年到来。从创业公司的操作模式上来看，一方面是传统的与电商网站合作；另一方面，是与品牌直接合作的"超级返"。海淘返利网站的盈利模式也非常简单清晰，返利网站在其网站对商家做推广，用户通过返利网站点击链接进入国外商家直接进行购物，商家或者品牌会给返利网站佣金，这个佣金就是商家用来宣传的广告费用中的一部分，返利网站再拿一部分出来返给用户。

我们以55海淘为例看一下海淘返利网的营运模式。55海淘的核心业务就是就是优惠跟返利，55海淘首先将从国外商家的网站获取优惠信息展示给用户，一方面把流量导向国外的电商，一方面也会把优惠商品买进来在自己的平台上做特卖。此外55海淘上有数百家转运公司入驻，能够为客户提供最方便的转运服务。

更重要的是，55海淘以返利功能极大地增加了用户黏性。前面说过，返利网是可以从国外电商那里拿到佣金的，现在55海淘就将一部分佣金以返利的形式返给了消费者。比如一个订单55海淘拿到了10元佣金，那么他们可能会分7元钱给用户，3元钱留给自己，这就是返利的模式。这种模式的特点是薄利多销，没有库存，不需要处理售后，而且也没有假货的顾虑，因为可以直接链接到官网上。

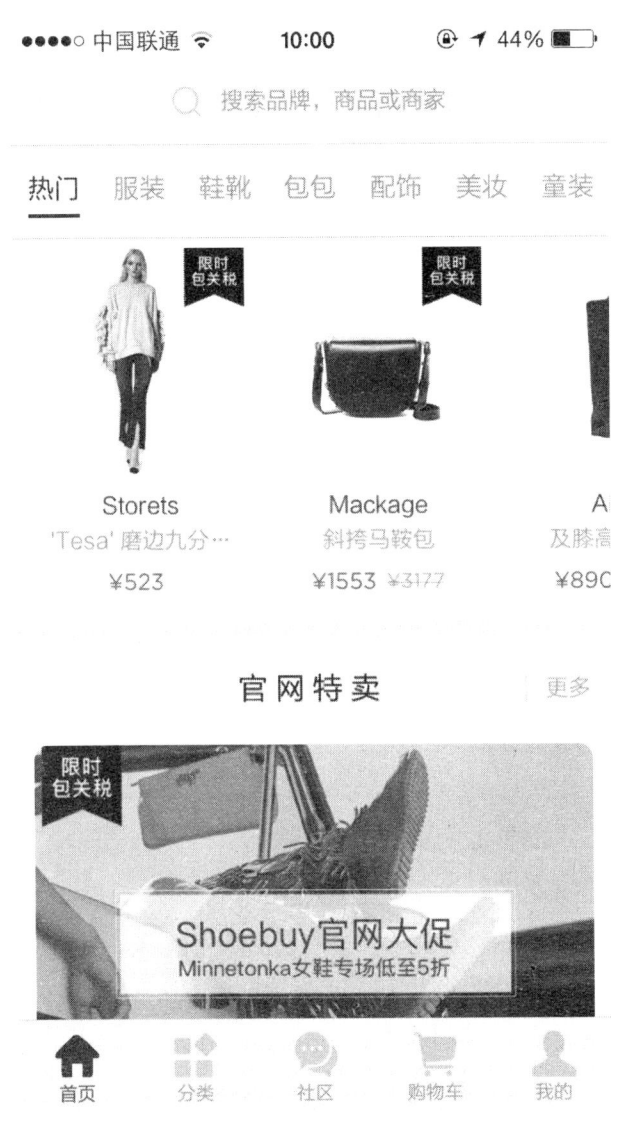

图25 55海淘首页特卖展示

海淘返利网的创业者如果渴望在这一领域一试身手，不妨把自己定位为消费决策平台,通过购买、评论和分享等把用户与优惠、返利、众测、咨询、原创分享和商品百科连接,这样的"轻创业"成功率会更高,更易吸引用户。

↗ 返利网的合作模式与优惠形式

前面说过,返利网的业务模式是一个中间导购平台,一方面在返利网发布商家信息,一方面引导注册消费者到其平台浏览商家信息。商家们因返利网为消费者在寻找消费信息时起到了搜索引擎的作用,给予返利网一定的佣金;而返利网则将这笔佣金的一部分返还给用户,剩下的一部分便是他们的营业利润。

那么创业者与B2C电商的合作模式有哪些呢?

1. 与B2C商城进行直接合作。这种模式很简单,先与商城达成合作意向(一般来说商城不会介意多一个流量入口的),然后提供api接口,根据cookie的记忆来跟踪用户的购买,缺点是会因为用户的行为经常出现调单。这是目前返利网站与商城的主要合作模式。

2. 与广告联盟合作。这是一种间接合作的方式,首先要选定可合作的广告联盟,接下来只需要注册一个广告联盟的账号就可以从中获取广告代码。后面就是一些技术上的问题,然后通过广告代码的拆分经过程序处理,根据根据cookie的来跟踪用户的订单。淘宝返利就应用了这一模式。

3. 与B2C商城无间隙合作,共享用户数据库。这样的订单无须通过cookie跟踪,调单率最低。

合作模式确定了,返利网能够以哪些优惠服务来吸引并黏住用户呢?

首先,返利。这可能也是最吸引用户的点,用户登录返利网后,不但可以比较同一商品在各大网站的不同价格，还能够在购买后获得一定比例的返利。比如，返利网上入驻了淘宝、京东等为数众多的电商，每个电商有不同的价格和返利额，消费者可以选择自己认为最优惠的电商去购买。

其次，免费的优惠券。返利网站能够拿到京东、当当等各大电商网站定期或者不定期的优惠券，这些优惠券又被免费分发给众多的用户，这对于消费者、返利网和电商都是非常有益的一件事。

再次，购物经验分享。越来越多的返利网创业者认识到了社区的重要性，社区对于增加网站黏度非常有帮助。在社区里，返利网的用户们可以随时交流各种购物经验心得，互相帮助，返利网站还可以组织晒单活动，鼓励用户将返利的商品贴出来与大家分享，给用户提供晒单积分奖励。

最后，积分兑换。所谓积分兑换是指用户在返利网购买产品累积的积分在网站进行兑换，兑换为可以抵扣消费额的现金券或者商品。返利网目前采用了积分兑换方案，为会员提供了多样化的产品兑换，返利网在登录、购买产品等获得积累的积分后，可以到积分频道去兑换，使得会员享受到多层次的优惠。

返利网：从2 000万到1亿用户

移动互联网时代，网购大行其道，而网购用户最关心的问题按顺序排名是——正品、价格便宜和购物体验三个方面。借助网购的东风，不但各大电商销售红红火火，其产业生态链上崛起了很多起到导购引流作用的返利网站，返利网就是其中之一。

2006年，返利网创始人葛永昌因受到美国商业模式的启发而创立返利网。一开始返利网只是一家丹顿的电商导流用户返利平台，为国内基于返利的品牌特卖服务商。

返利网则通过消费返利模式，促使用户通过该平台消费，从而带动公司营收的高速增长。成立三年内，返利网的营收增长率达到553%。

一开始颇受欢迎，但很快，中国出现了大量这样的返利网站，鼎盛时期接近4 000多家，随后则出现了一个大溃败，大量的公司倒闭，"做得足够好，范围足够广，才能真正留住用户，互联网是个赢家通吃的行业，每一个行业里不可能永远有那么多同样的公司，"葛永昌说。

而到了2010年，一些网站以返利为诱饵，肆意传销，给"返利"二字蒙上一层阴影，而返利网则在这段时间，通过自身技术优势，让返利网与各大电商平台直连，提升用户体验，完成了网站对用户的原始积累。而随着电商规模的突飞猛进，返利网成为这一行业里的赢家，但是，真正让返利网摆脱为电商导流的小公司格局的，是他们在战略上的升级，开始与商家直接合作。这种返利2.0模式，改变了以前单纯的导流服务，将返利网变成一个商家展示产品的平台，其中，对用户最具吸引力的，就是返利的幅度，这使得返利网的用户和营收都有了爆炸性增长，同样的，也让用户产生了黏性。与此同时，这让返利开始拥有直接面对品牌的机会，它变成一个线上的品牌展示店，使得更多的商家在拥挤的大平台之外找到了新的营销渠道，返利网得以从平台的依附者角色中解脱出来。

即便是与品牌合作，返利网仍旧是一个轻模式，提供平台，让商家自行组织特卖，客服、发货、物流、支付都由商家完成。而且它不需要品牌降价，形成对品牌的价格保护，这也是返利网吸引品牌的原因，而放在返利网的产品，更多以新货为主，而不是所谓的尾货，这成为返利网区别于其他同类网站。"我们把更多商家返点让利给用户。"葛永昌说。

而为了提高用户体验，返利网最直接的方式是加快返利的速度。"最快能做到用户确认收货即可返利。这最容易快速建立用户对你的信任，只有当用户享受到你的服务，他才会为你宣传，介绍更多的人来体验。我们非常重视用户口碑，口碑对建立信任最有价值。"葛永昌说。

2015年，返利网获得日本乐天集团近1亿美元的融资，"乐天可以看懂我们的商业模式，它是日本最大的电商企业。我们下一步也要做跨境，未来就会有越来越多的海淘业务，乐天去年收购了美国做电子商务应用的技术公司Slice，这会帮助我们打通日本、美国的市场。这能大大提高我们的用户体验，不仅可以在中国返利，还有整个世界的返利。"

作为整个电商生态的重要一环，返利网伴随着中国电商经济的崛起的一路壮大。到2013年，返利网的注册用户达到2 000万，成为电商导购领域的佼佼者。

2013年年底，返利网在"软性折扣"模式的基础上引入"闪购"，推出了与品牌商直接合作的"超级返"业务，返利网从导流平台即1.0时代进入品牌特卖2.0时代。不同于以往与电商平台合作的3%至8%的返利比例，"超级返"的平均返利比例达到40%至50%。同时，基于"返利"为核心的业务从电商购物扩展至在线旅游、团购、买房购车和金融理财等板块，覆盖了几乎所有线上消费场景，为用户提供全方位的消费服务。"超级返"业务的推出及其他横向业务布局为返利网带来了用户的爆发式增长，仅用了两年时间，返利网用户数从2 000万飙升至1亿。

未来：线下返利和互联网金融

返利网共赢的商业模式赢得了包括苹果在内的众多品牌商及淘宝、天猫等电商平台的认可。2015年双十一，返利网以突破10亿元的单日成交额创下历史纪录，成为各大电商和品牌商双十一大促的重要引流平台。

据悉，与返利网合作的知名品牌商数量已达12 000家，涵盖3C数码、女装、男装、母婴童装、鞋靴箱包、家居生活、食品等类别。此外，返利网现有电商合作伙伴几乎涵盖了所有知名电商，包括天猫、淘宝、京东、苏宁易购、一号店、亚马逊、聚美优品等400多家电商网站。

尽管线上业务发展迅猛，返利网对线下的布局也已悄然展开。2015年10月底，返利网与中信银行跨界合作，推出了互联网+线下消费返利卡——返利F卡。返利F卡以传统信用卡颠覆者之姿横空出世，切入占据零售总额

90%比重的线下市场，上市首月即交出了破2亿交易额的成绩单。这张卡覆盖数千万家银联商户，打通了线上返利和线下返利，带来了线下消费积分模式的革新，把返利网带入360度全景返利3.0时代。

在返利网成为"亿级入口"之后，创始人兼CEO葛永昌表示："2016年，返利网将加强和各大电商平台及品牌商的深度合作，并发力耕耘线下返利的万亿级市场。同时，互联网金融会是我们非常具有潜力的下一个旗舰级业务。另外，我们会继续强化品牌，提升用户体验，将返利做到极致。"

第二十一章　粉丝经济创业模式

粉丝经济的成功

可能还有很多人不了解粉丝经济比传统零售的效率要高、费用更低。有更优的极致产品体验，才能将用户发展为企业的粉丝，一个粉丝带来的不仅仅是重复购买，更是在为企业进行信用背书，利用移动互联网实现口碑的快速传播。粉丝经济将是一场革命!

国产知识性脱口秀类栏目、自媒体新秀《罗辑思维》一经推出就斩获无数粉丝，其每期的网络点击率都高达百万以上。但如何将粉丝转化为收益呢？该栏目的主创兼主持罗振宇的做法让人们眼前一亮。

2013年8月初，罗辑思维的微信公众账号推出了"史上最无理"的付费会员制：5 000个普通会员+500个铁杆会员，会费分别是200元和1 200元，为期两年。这种"抢钱"式的会员制居然取得了令人惊讶的成功：半天之内，5 500个会员全部售出，160万人民币入账。其粉丝的忠诚度可见一斑。

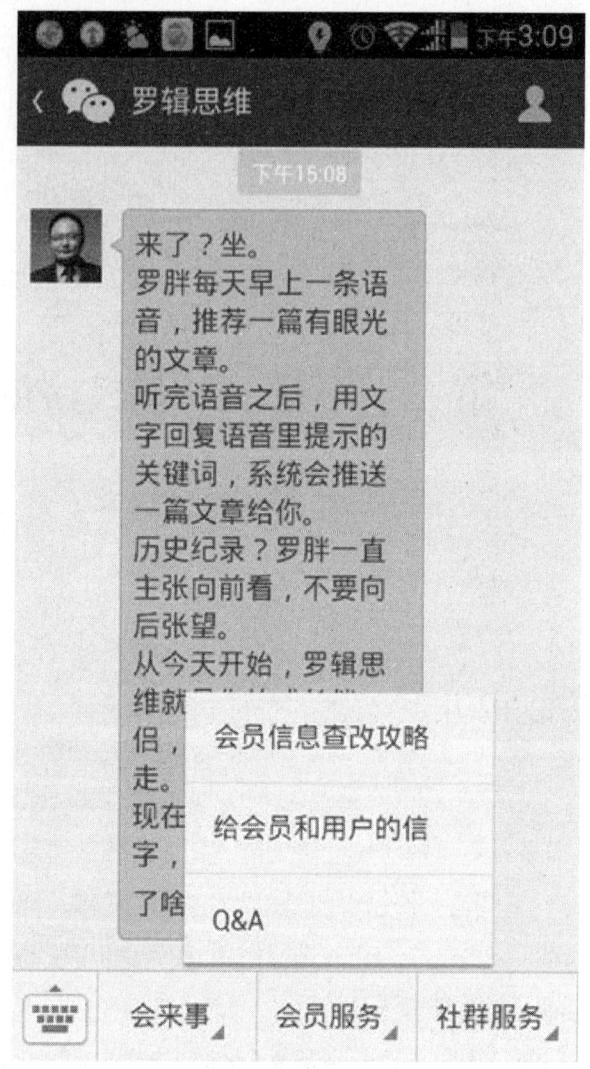

图26　罗辑思维微信公众号服务页面

　　有人会问,这些会员用真金白银对罗辑思维表示了支持,具体能得到哪些好处呢?罗振宇很快就给出了答案:他先后几次提供会员福利(如图26所示):第一时间回复会员资料的会员将获得价值6 999元的乐视超级电视——这相比他们付出的200元会费实在是赚大了!而先后送出的总共价值

7万元的超级电视并不要罗振宇掏一分钱——这是乐视免费赞助的。

复盘罗振宇的粉丝营销案例，我们可以看出：他首先通过其优质内容产品将有相同价值需求的社群聚集在一起，通过收会员费的方式一来赚取收益，一来进一步增加粉丝黏性。然后他以这个忠诚度极高的群体作为基础，向需要精准营销的品牌提供合作机会，自己则作为社群与品牌的链接，形成自己的稳定收益来源。

玩不转粉丝经济怎么创业

一个粉丝的价值到底有多大？社区媒体监测机构Syncapse调查了全球第一社交网站Facebook上前二十大品牌的4 000名粉丝，发布研究报告，称Facebook每个粉丝的价值在136.38美元左右。Syncapse根据对Facebook上的调查结果显示，平均而言，某品牌的粉丝愿意为自己喜欢的品牌多掏71.84美元，不是该品牌粉丝者则不会。

北京大学社会学系副教授刘能分析了"粉丝"经济的特点，他认为，这归根结底属于一种认同感消费。

互联网的世界中，永远是粉丝在创造新的奇迹，以小米创始人出身的金山软件为例，其核心盈利的游戏工作室西山居和七尘斋，是网游行业的明珠，旗下《剑网3》等系列产品一直吸引着无数玩家，所以有玩家愿意自发地走在一起，不仅仅是在网络上结伴行侠，更在现实中，自己玩起角色的CosPlay（角色扮演），玩家通过自己创造性的设计、一针一线缝制出一套价格不菲的游戏人物服装，装扮成游戏里的各个角色，只为在各种游戏活动现场一展风采。

无独有偶，腾讯游戏每年都会举办全国游戏玩家瞩目的游戏嘉年华活动，玩家从全国各地来到上海这样的大都市，自己花钱买门票、住酒店，就是为了能一睹新品发布、高手对决，而这种门票，一般不是一般人都可以买，而是一定要在某款游戏中达到一定级别，才能有资格购买。

"米粉"应该是小米最为得意的作品，远远超过一部手机，一台电视。

我们不妨先看一下小米手机销售的几个关键时间点。

2011年9月5日，小米手机正式开放网络预订，34个小时预定30万部。

2012年10月30日，小米M2手机网络发售，首轮5万部在2分51秒内被抢购一空。

2013年4月9日，小米连续发布四款新品，当晚8点，20万部小米2S开放购买，在2分钟内售罄。

这是雷军向苹果和乔布斯学习的成果。

品牌需要的是粉丝，而不仅仅是会员！粉丝不是一般的爱好者，而是有些狂热的痴迷者，是最优质的目标消费者。因为喜欢，所以喜欢，喜欢不需要理由，一旦注入感情因素，有缺陷的产品也会被接受。所以，未来，没有粉丝的品牌都会消亡。

服装领域的淘品牌"七格格"，每次的新品上市，都会把设计的款式放到其管理的粉丝群组里，让粉丝投票，其群组有近百个QQ群，辐射数万人，这些粉丝决定了最终的潮流趋势，自然也会为这些产品买单。

美国社交公司Zuberance的工作就是为不同公司寻找他们品牌的粉丝，之后寻求品牌和粉丝的合作方式并且跟踪记录所产生的效果。它定义品牌粉丝为每年至少为他人推荐该品牌产品或服务至少一次且和该品牌没有利益关系的互联网用户，这个群体会自发地在日常生活中、在社交网络或者其他网站上为该品牌做宣传。

2012年1月，Zuberance对部分民众做了调查，调查发现在美国，38%的人每个月给别人做约一次消费推荐，12%的人表示他们每周都会给别人做多次推荐。同时，70%的人表示每年最少给别人推荐5个产品或服务，16%的人每年最少为他人推荐15款产品或服务。

每个品牌都应该抓住这些机会，找到自己品牌的粉丝，征求他们的意见，比如他们对社交媒体上的互动活动有什么建议，当品牌得到了这些信息，抓住机会满足并超出他们的预期，粉丝会为你发狂的。

互动才能了解用户需求

吸引粉丝关注、留住忠诚粉丝的一个非常重要的方法，是经常保持和粉丝、网友之间的互动。小米在营销上的成功，主要来自于和用户有效的互动。只有和用户建立了真正的互动，才能变成有效的营销。

小米维持着一个用户参与度很高的论坛，论坛上的发烧友不断对小米的产品提出各种意见甚至批评，这对发现用户的真实需求至关重要。这些发烧友就是小米的义务检测员、义务建议员、义务宣传员。

董事长雷军即使事情很多，也整天挂在米聊上和用户互动。小米的几大创始人，也都很注重和用户之间的互动。其好处是小米的高层直接面对用户，了解用户需求，用户也觉得更有亲近感。

小米的售后服务（呼叫中心）的员工已经多达400人，他们和小米的研发、产品工程师就在一起办公，而没有选择外包。因为售后部门经常接到一些很棘手的电话，里面有用户关于复杂的技术问题的投诉，所以售后部门需要及时和产品、研发沟通。

网络是培育米粉的平台，微博是小米聚合米粉的利器。小米有20多个人专门负责微博营销，他们大都是对技术、产品精通的员工，会在微博上及时发现用户反映的小米的问题并与之沟通。因此小米用户会觉得自己有了和小米公司直接沟通的渠道。

这个世界上最牛的品牌是要让消费者一听到名字，就争先恐后地、不惜多花钱也要买的品牌。而对于营销者而言，要想自己的产品拥有广大的"粉丝"市场，就必须要理解产品所面对的消费群体，并且和这个群体建立长久的关系。

↗ 小米论坛：涨粉丝的秘诀

在移动互联网时代，由于各种社会化媒体的流行，企业圈子和名人圈子里面都有一股很浓的娱乐氛围，但凡有企业策划的各种活动，或者某位名人分享的一些话题，响应和参与的网民越来越多。不仅仅是大小偶像们有"粉丝"，事实上品牌、产品也必须要有"粉丝团"。

那么，小米依托什么能取得如此理想的成绩呢？其实，小米除了有硬件、软件和互联网的铁三角之外，还有另一个突出的特点：巨大的粉丝团。

小米论坛里有一个神秘的组织荣誉开发组，简称"荣组儿"，这是粉丝的最高级别。荣组儿可以提前试用未公布的开发版，然后对新系统进行评价，甚至有权力跟整个社区说：荣组儿觉得这是一个烂板，大家不要升级。

荣组儿甚至会参与一些绝密型产品的开发，比如MIUI-V5手机操作系统。MIUI负责人洪锋说：需要给用户权力。就像信访办，如果用户觉得提意见并没有什么效果时，久而久之他就不会再张嘴了。只有他觉得自己做一些事情会让你很难受的时候，他才能有动力。

如果说小米是成功的，那么它最成功的一点便是塑造了自己独特的粉丝文化，让粉丝成为小米的代言人，去主动宣传小米的优点，并维护小米的品牌荣誉。

第二十一章　粉丝经济创业模式

对于企业来说，互联网的力量是巨大的，粉丝的潜能是无限的，如果能培养一大批对企业品牌有"信仰"的粉丝，发挥他们的创新力量，自发地为企业口碑推波助澜，那么这种影响力会以几何倍数来发挥力量。那么，到底怎样才能快速培养企业的品牌粉丝呢？

小米有50%的粉丝来自其官方网站，另外又有40%的粉丝来自站内活动。真正让小米粉丝猛增的，是每周一次的小型活动，每月一次的大型活动。

小米手机在本质上是一个电子商务的平台，它每周会有一次开放购买活动，每次活动的时候就会在官网上放微信的推广链接，以及微信二维码。据了解，通过官网发展粉丝效果非常之好，最多的时候一天可以发展3到4万个粉丝。

小米每次微信活动之前一两天，都会提前在其微博帐号、合作网站、小米论坛、小米官网上提前发布消息，告知活动详情，并在活动结束之后进行后续的传播。

小米微信粉丝增长最多的一天是在2013年4月9日米粉节的时候，那时小米在微信上展开了有奖抢答的活动，时间是当天下午2点到4点。在这次活动期间，小米的微信后台总计收到280万条信息——过多的信息直接导致其微信后台崩溃，粉丝留言后无法参与抢答活动，导致活动失败。但这次活动却为小米带来了14万的新增粉丝，在活动开始前，小米的微信粉丝数是51万，活动结束后猛增到65万。与此类似的还有小米在2013年3月份举办的"非常6+1"活动，这次为期三天的活动让小米猛增了6.2万名粉丝（如图27所示）。

事件营销是小米涨粉丝的另一个秘密武器。最有影响的案例则是2012年小米手机青春版。微博营销提前一个月预热，高潮环节是微视频，当时《那些年我们追过的女孩》正火，雷军等七个合伙人参照那个风格拍了一系列的海报、视频，相当于一群老男人的集体卖萌，话题感十足。有个招数在小米的所有事件营销里屡试不爽，就是有奖转发送小米手机，当时是3天狂送36台小米手机。最后"青春版"微博转发量203万次,涨粉丝41万人。

图27 小米论坛上很多帖子都有数万的浏览量

  小米会定期举行有奖活动来激活用户。例如关注小米微信即可以参与抽奖,抽中小米手机、小米盒子,或者可以不用排队优先就买到比较紧俏的机型,这些方法都很有效。

  纵观各种涨粉丝的手段,"饥饿营销"是最容易引爆的方法,这方面的高手要数苹果,苹果十分擅长使粉丝们感觉"饥饿",在每次新品上市之前,均会放出大量吊胃口的信息,各类的"谍照"、内部人士信息,以及一段段精美震撼的产品视频、广告图片,还有让人热血沸腾的上升发布会等,都保持着粉丝高度的关注和议论,甚至还有大量的人群通宵排队、买到手之后的炫耀等信息,都可以轻而易举地打动新老用户。

第二十二章　用户数据深挖创业模式

从数据中掘金的"垃圾达人"

2013年,互联网上有这么一个真假难辨的神奇传说:一名看上去很有想法很有追求的小伙子不知道怎么想的,跑去应聘了上海高档小区的物业管理。他的兴趣好像并不只在工作上,因为他经常在非工作时间跑到小区的垃圾堆里。他不是饿极了找东西吃,而是拿着一把超市里用的扫描枪扫描垃圾上的条形码。不知道的人看到这里可能以为他疯了,谁会没事拿着垃圾扫描啊?其实,这名小伙子是个有心人,他通过扫描各种包装袋、包装盒上的条形码,整理出了很多有用的数据。比如这个小区居民大多喝什么水,这个就可以通过他扫描过的矿泉水瓶看出。同理,小区居民爱吃什么牌子什么品类的油、买什么价位的衣服等数据也都被他收集到手。最后,他将整个小区的消费种类和品牌偏好都了解清楚了,形成了一份非常详细的报告,并卖给了期望得到这些数据的某相关公司。这份报告,给他带来了几十万元的收入。

  这看上去真像一个天方夜谭的故事，但在大数据时代里，这样的故事只会越来越多，直到我们对此习以为常。这个传说是真有其事还是只是杜撰，我们无从知晓，但小伙子的这套方法确实是行得通的。生活中条形码处处可见，这个条形码对于厂家和商家来说很有用，可以方便管理，但一般个人很少想过如何能够用上它做点什么。如何在海量数据中，遴选出有用数据，这是一个巨大的商机。有些企业需要这样的调查报告，而有人能提供这样的报告。这就是大数据时代的商机。这个故事描述了我们正在进入的大数据时代里的新商机。这个把垃圾变废为宝的小故事只是当下大数据时代中的一个缩影，以后这样的"垃圾达人"还将不断产生。

  2008年，阿里巴巴的业绩开始爆发式增长。也就是这一年，阿里巴巴通过对网上交易数据进行分析，成功预测到了即将到来的全球金融危机，并提前将这个结果告知了客户，这一举措使很多客户都成功避免了金融危机的冲击。不过那时，了解大数据的人还很少。2013年则被公认为世界的大数据元年，这一年里，数据出现井喷，各行各业的管理者都在讨论大数据。哈佛大学社会学教授加里·金说："这是一场革命，庞大的数据资源使得各个领域开始了量化进程。无论学术界、商界还是政府，所有领域都将开始这种进程。"而在未来，数据将会像土地、石油和资本一样，成为经济运行中的根本性资源。在小数据时代里，我们都认为信息是个好东西。但是在大数据时代，信息爆发式增长，给存储、管理和分析信息的人带来巨大压力。在大数据时代，无论是个人、企业还是政府，都面临着如何管理和利用信息的难题。与此同时，随着数据数量的汇集，数据的管理和分析工作变得格外重要。数据的价值正在成为企业成长的重要动力，它不仅提供了更多的商业机会，也是企业运营情况及财务状况的重要分析依据。如果我们平时做一个有心人，也不难从生活中发现数据。

第二十二章 用户数据深挖创业模式

图28 阿里巴巴交易平台导购页面

有一个小段子说,一个互联网公司的数据分析师下班回家,电梯里遇到保洁员阿姨。两人打了个招呼后,保洁员阿姨淡淡地问道:"最近你的压力大了不少吧?"数据分析师心里一惊,心想:"难道她知道老板找我谈话的事?不可能吧……"于是带着怀疑问保洁员是怎么知道的。保洁员阿姨淡淡一笑,回答说:"你们这帮人中,就你一个人抽黄鹤楼牌的烟,我发现这几天黄鹤楼的烟屁股多了不少,就这么猜测了。"数据分析师深感佩服,不由感叹道:"高手在民间啊,少林扫地僧啊,阿姨简直是神一样的存在!"

这个小段子跟大数据没什么关系,却跟数据分析有点关系。同样是垃圾,一点小的线索也能让保洁员阿姨作出正确的判断。可见,数据是随处可见的,只要是有心人,哪里都能够进行数据分析。在大数据时代,我们能够感受到更多数据的存在,只要我们能转变思维,就算身在垃圾堆,也能变废为宝。

卖掉自己的大数据

大数据时代，很多公司都在致力于海量数据，并分析用户的消费模式、生活习惯、地理位置等信息，以求进行更精确、更迅速、更智能的营销。而在一些用户看来，这些公司如此行为无异于把用户当作不断生产羊毛的羊，它们所做的是把用户产生的数据收集到一起，而最后产生的利润却跟用户一点儿关系都没有。对于这些行为，他们表示不能接受。一位居住在纽约布鲁克林的软件开发者费德里科·萨内尔就是其中之一。

2012年，美国的互联网广告行业产值接近300亿美元，而萨内尔觉得，他每天都上网看视频、看广告，但是自己贡献了那么多居然没有得到一毛钱的回报，反倒让广告公司赚翻了天。萨内尔表示："那些公司在用我的数据赚钱，当你使用它们的产品时，它们在获取你的数据。最后，它们赚了几十亿美金而我却一毛钱都没得到，这不公平。"根据预测，在2013年，美国的互联网广告行业产值将超过4 000亿美元，于是萨内尔决定在这趟热潮中淘点金。于是，萨内尔在一个众筹网站上发起了一个项目，他从2月份起便开始收集自己所有的数字轨迹，从网站到聊天记录到照片到GPS数据，到5月份的时候，已有7GB数据。根据萨内尔自己的统计，7GB的数据中一共有280万行文本信息（包括他所访问网页中的所有HTML、CSS、JavaScript代码），算下来有1 500本书。软件记录的鼠标点击次数75.5万次，并排所有鼠标指针的像素长度为2英里261英尺。电脑摄像头自动拍照2.1万张图片，总计1.9GB容量以及约2万张屏幕截图。从其用GPS记录的地理位置信息来看，他在这3个月所行走的距离为1.9万英里，地理位置信息包括经纬度、高度、街道名号、城市、邮编和国家。他准备把积累了3个月的隐私数据卖掉，而且已经成功炒到了1 100美元，合计下来，每GB的隐私数据要卖1 000多美元。从萨内尔的价目表来看，一天的所有隐私数据售价为2美元，而这3个月的所有数据的售价为200美元。花2美元你可以得到70个网站记录，500张屏幕截图，500张视频截图，一份GPS数据，一份应用程序使用记录，外加所有的鼠标运动轨迹。

萨内尔的意思很明显，与其让那些大公司贩卖我的数据赚钱倒不如我自己把自己给卖了。在他的Kikstarter页面上，萨内尔写道："如果大家都像我这样做的话，我想那些卖家们就会直接向我们购买私人数据了。我知道这听起来很傻，可是把这些数据拱手让人也挺傻的。"萨内尔并不是第一个有这种想法的人。问题是，单独或者极少量的数据不具备研究价值。因此那些大公司总是大量且长期地购买这些数据，这也是为什么Facebook和谷歌能这么值钱了。

有一个问题摆在我们面前，大数据究竟是服务于个人还是服务于商业呢？如果是服务于个人的话，服务商收集用户数据无可厚非，用户拿不到任何报酬也毫无怨言。但是如果服务商收集了用户的数据之后再去为其他商业活动服务的话，服务商是不是应该根据用户隐私数据的贡献程度来对利润进行分成？

数据，产生于用户，又服务于用户，获益的也是用户。但是摆在台面上的是广告商、服务商从基于用户行为而获取到的大数据中获利最多，赚了最多的钱。萨内尔的举动在大数据时代具有标杆性的意义。大数据是一座金矿，而金矿并不是凭空产生的。金矿的制造者正是每个身处大数据时代的人，当很多公司去采集大数据这个金矿赚得盆满钵满时，提供金矿的人们却没有分到应有的红利。当越来越多的人开始关注自己生活中产生的"大数据"，开始关注自己的隐私数据是不是免费提供给一些公司盈利时，我们将享受到的数据红利也将越来越多了。

↗ 帮人怀孕的手机软件

中国国际数码互动娱乐展览会，即ChinaJoy，是继美国E3展、日本东京电玩展之后的又一同类型互动娱乐大展，尤以网络游戏为主。每年举办一届，众多游戏厂家参展，吸引大量游戏爱好者前往。2011年的ChinaJoy上，爆出了当时在互联网上非常流行的一句话"拍一下怎么了，又不会怀孕"。那么，你能不能相信，有一款手机软件，是可以帮人怀孕的？

现在，大家使用的基本都是智能手机，智能手机一般都具备高度的扩展性。用户可以在智能手机上安装各种功能的软件，这些软件可以帮我们完成很多事情，除了基础的通信和社交外，还可以实现导航、支付以及与其他硬件的结合等功能。而有一款叫作"Glow"的软件，居然可以帮人怀孕。

这不是愚人节的玩笑，而是一个很严肃的话题。这个软件自然也不是一个娱乐软件，而是一个真正严肃对待这个问题的软件。Glow是由PayPal联合创始人马克斯·莱文奇恩推出的。在美国，因为治疗不孕不育的手术属于非必需手术，是不受医疗保险保障的。因此，如果美国人要做相关的手术，就要自己承担巨额的手术费和后续治疗费用。马克斯·莱文奇恩想要人们通过Glow这样一款免费的手机软件来帮助自己自然怀孕，而无须借助医疗途径。这款手机软件的目的，就是要帮助美国女性在不接受人工受孕或医学治疗的情况下自然怀孕。至于Glow的工作原理，当然是通过大数据分析来预测女性的最佳受孕时段，将怀孕的概率最大化。

这些数据都是通过用户对指定问题的回答来采集的。每一个使用Glow的女性，在首次使用时都需要回答几个问题以便让Glow了解用户的基本状况。这些问题并不是精确的科学题目,而只是对用户的受孕情况做个大致的了解。

打开Glow后,需要先注册,也可以通过社交账号登录。然后进入了欢迎界面,会看到3个问题。比如第一个问题是"你是第一次要孩子吗",然后可以选择具体是第几次。第二个问题是"你们已经试了多久了",然后可以选择以周、月或年为单位的不同时段。第三个问题是让用户提供3组数据来衡量经期的循环情况。

回答完三个问题后,便是软件的使用教程,看完教程后这才进入正式的使用界面。首先Glow会提示你加入自己的"对象",也就是男方。Glow的基本原理是"用户激励制度",其使用逻辑是按照天排序的,每天都为用户安排了几个任务,只有完成这几个任务,才能查看明天的任务。这些任务的分配都是基于应用开始时用户回答的那三个问题的答案而定的。

这些所谓的任务可谓是五花八门。比如,收拾一下你的衣服、晚上跟朋友出去玩游戏、再等一天去验孕、写下5件在你有孩子之前想要做的事、去彻底放松10分钟等。整体来说,这些任务都偏重于心理方面的调整。当然,身体和心理本身就是互相影响的,通过心理调整,人们可以放下心理负担,轻松面对怀孕这件事,这样也会间接促进怀孕概率的提高。每完成一个任务,在To-Do列表上打钩就可以了。这些任务只是起到了调整作用,最关键的一组数据来自每日怀孕的概率。

怀孕的概率是因人而异的,它的算法也是基于应用开始时用户提交的三个答案。Glow的预测功能,也都是基于这些任务的调整和怀孕概率的预估,来帮助用户找到最佳受孕时机。在每个月,Glow都依据用户的具体情况区分了"经期""受孕期"以及"普通时期"3种,让用户对受孕时间段有一个精确的掌握。此外,Glow还设置了一个数据导出功能,可以把应用上存储的数据导出为PDF文档并发送至用户的邮箱。这份PDF既可以用来进行自我诊断,也可以当作医生问诊的重要材料。

还有一个叫作Ovuline的软件也有同样功效。这款软件基于数据分析,目的是让女性通过非传统的方式提高受孕的概率，如基础体温制图法。Ovuline允许与女性受孕相关的各种数据的手动输入，如基础体温、子宫颈液分析、排卵测试结果、生理症状、情绪状况，以及睡眠、体重、营养摄入和日常活动等因素，还支持一些自我量化的电子设备，方便女性收集各类数据。

这款软件从2012年6月份推出以来，与服务相关的数据量已经达到250万份之多，这些数据对于正确预测是至关重要的。它利用了机器学习方法和大量数据，建立了专门的算法来更精确地预测最佳怀孕时间。

当然，更重要的问题是这方法到底管不管用。Ovuline软件开发人说，公司已经收到上千封用户感谢邮件，她们在使用这项服务后都成功怀孕了。有时候一天可以收到10～15封邮件。一个与成功受孕率相关的有趣数据是，怀孕的用户平均在成为Ovuline会员60天内受孕，而美国的平均速度是4～6个月。

现在，各种功能的软件都在手机、平板电脑等移动设备上出现，它们能够利用大数据实现很多以前完全无法想象的功能，这些软件的大数据分析应用让我们不得不赞叹大数据的应用面之广和功能之神奇。

↗ 小米的崛起：深挖用户成就卓越

3年的时间能做什么呢？从小米手机正式亮相的2011年10月到2013年9月小米手机3正式发布，在短短的3年内，小米推出了包括红米手机在内的8款手机，每一款小米手机的亮相无不在手机市场中引起轰动，其抢购从未中断，小米手机成就了一个神话。先是在2012年夏天，一场估值达40亿美元的融资，创下了当年全年中国企业的融资之最；接着是小米科技对外宣布，

2012财年出货量为719万台,销售额(含税)达126亿元;最后是2013年,小米估计全年销量会达到1 500万台,后来又调高为2 000万台,雷军更是在微博上宣布小米获得新一轮投资,被估值100亿美元,在国内仅次于阿里集团、腾讯和百度。

一家成立仅3年的创业公司竟然跻身百亿元俱乐部,这样的成绩在全球创业公司中绝无仅有。是什么造就了这么一个神话呢?

小米一路走来,喝彩声不断,叫骂声也不断。叫骂的人中,很多人把小米的成功解读为饥饿营销的结果,小米手机供应量小,而且基本只在自己的官方网站上发售,结果经常造成"抢购"的现象。还有人则更直接地把小米手机称为"期货手机",批评小米公司打时间差,早早地收到了用户的预付款却迟迟不发货,造成了产品发布时性价比非常高,而随着时间的流逝逐渐变成了产品利润率非常高。

但实际上,低价、高配还难以让小米迅速成为神话。毕竟用户不是傻子,在考虑到其他人预订后一直拿不到手机的情况下,没有预订的用户肯定会考虑其他手机。小米手机如果要做饥渴营销和"期货手机",是非常有风险的事情。其实,小米手机本身的低价高配是其他手机厂商也可以跟进的,就算是做饥渴营销和"期货手机",其手段也不是不能模仿的,但并没有其他厂商做到小米的规模。也就是说,小米真正成功的地方在于它有500多万忠诚的粉丝,这些粉丝都自称为"米粉"。

"米粉"对小米的热情相当强烈。2012年4月6日,小米成立两周年,上千米粉从各地赶到北京和小米公司一起庆祝,小米手机董事长兼CEO雷军在台上一呼百应。在现场,10万台小米手机公开发售,结果仅用6分5秒就全部被抢空。而在广州、武汉等地,小米之家本来是上午9点营业,可很多粉丝8点就到门口排队。每一家小米之家成立时都会有人送花、送礼、合影,满一个月的时候还有人来庆祝"满月",甚至还有人专门为小米手机作词、作曲、写歌。这些米粉,成为购买小米手机的主力军。这是小米得以演绎神话的最重要原因。

正是这样一批粉丝，成为小米手机的起点。而后，"高性价比"的口碑和宣传让小米手机滚雪球般迅速崛起。作为苹果的学习者，雷军也和乔布斯一样相当关心用户体验。雷军在创立小米公司之前在金山工作了近20年，对互联网的传播方式非常了解，小米公司也一直把自己定位为一家互联网企业而不是手机厂商。小米公司的口号是"和米粉，做朋友"，小米公司的论坛上，每天都有数以万计的帖子发布，回复更是不计其数，小米的软件工程师和硬件工程师也在论坛里出现，和"米粉"们热烈讨论。小米还专门成立了呼叫中心，专门负责在小米社区、微博以及对于"米粉"来电进行互动和反馈，呼叫中心的人数达到400人之多，只为与米粉建立直接联系，加深"米粉"对于小米产品的体验。

小米通过网络培养"米粉"，而微博更是小米聚合米粉的不二法宝。小米几乎把微博玩到了极致。Alexa是互联网首屈一指的免费提供网站流量信息的公司，因为Alexa数据显示人们玩新浪微博最多是在周二到周四，所以小米的转发有奖活动也设置在工作日而不是周末；晚上10点结束抽奖是因为10点是每天流量的最后一个高峰；两小时发布一次奖品是因为微博传播转发的半衰期约为3小时。截至目前，新浪微博上"小米公司"粉丝已达153万，"小米手机"粉丝也有152万。对拥有近400万粉丝的雷军而言，在微博平台上，他既是小米的CEO，也是一个随时防止小米品牌受破坏的督察，更是一个为"米粉"排忧解难的客服人员。

借鉴了苹果的"天才吧"，小米在全国设立了32家"小米之家"，成为新媒体营销很好的线下延伸。在"小米之家"，用户可以自取手机，可以完成手机的售后维修，并且参加不定期为当地米粉举办的一些活动。同时，小米借鉴了车友会的模式，把"米粉"的消费方式变成聚会娱乐方式，使"米粉"变得很抱团。

小米的崛起之路不同寻常，注重用户体验是一方面，对用户的挖掘是更重要的一方面。小米培养粉丝的过程，就是一个数据分析营销应用的过程。

第二十三章　移动支付创业模式

当手机成为"支付利器"

互联网时代,"宅文化"大行其道。"懒虫"再也不是一个纯粹的贬义词,而将成为一种令人羡慕的生活状态。假日躺在家中,打开电脑和手机,只需动动手指,便能等待物流人员将所需商品送上门。就算不想一直在家中,也可以在网上提前预订出门才能享受的服务。

"搜索""浏览""比较""下单",为了能够让客户在网上满意地购买自家商品及服务,商家们在以上四个环节里拼得你死我活,各种奇招层出不穷。可即便营销人员在所有环节都做足功夫,即便客户已经对商品赞不绝口,即便购物车中已堆满订单,但如果客户没有成功支付,前面所有的工作做得再好,又有什么用?

对于一场完整的交易而言,支付究竟有多重要?我们可以先闭上眼睛,想象一次网上购物的情景。

在一个阴霾的天气里，快要下班了，我们默默计算着家中还有多少可供食用的食材，却并不想在忙碌了一整天后，还要去菜市场挑拣晚间打折的蔫叶子剩菜。此时，最佳解决办法大概是登上某网站，在生鲜配送店里预定次日送达的新鲜蔬菜和肉类。下单，等待支付页面跳转，直到此时，一切都非常顺利。可如果在最后一步时，支付提示并不是让我们直接输入密码，而是要求插入USBKEY，又或者需要一而再，再而三登录某银行界面完成支付，我们的好心情恐怕会被完全破坏，而整场交易过程也往往因此而终止。

早在前几年，当网上支付还是一种"麻烦"时，除非是必须上网才能购买的特定商品，否则大部分人都不会选择网上交易。因为没人喜欢不停寻找银行的"USBKEY"，也没人愿意为了一场"不必要"的交易，而去记那些完全不同的密码。

可在很长一段时间里，银行却对此毫不自知，他们甚至认为，人们不再愿意使用银行的支付产品，是因为支付宝等产品的强势介入。银行的决策者们似乎并没有意识到，人们更愿意使用支付宝或微信支付功能，并不是因为它们的广告做得多好，而是因为这些支付工具使用起来更加简单、方便、安全。当然，暂时的免费使用，也是人们更愿意使用第三方支付工具的原因之一。

当支付模式从现金交易，柜员机上转账交易，到如今的线上支付、手机支付，我们的消费习惯，一直跟随支付的改变而改变。对于消费者而言，O2O时代的来临，预示着我们会拥有更加方便的支付方式。但对商家而言，由于支付方式也能改变消费习惯，因此，这场"支付革命"则代表了谁能抢先占领更多支付用户，谁能在O2O的战场上，首先构建具有绝对优势的支付平台。

事实上，直到2014年，尚有大量有钱有时间的客户因为不会网上支付，而拒绝在网上交易。56岁的王大妈就是个最好的例子。王大妈家境优越，孩子们也十分孝顺。三个孩子每个月加起来给她的零花钱早已破万，这使得王大妈在买东西时，经常出手阔绰，而时髦又方便的网上购物，自然也成为王大妈的爱好。

但一直以来，王大妈的购物点，也只限于京东以及亚马逊这样的大型网上商城，原因很简单，并不是因为这样的网上商城更加可靠，而在于他们能为客户提供"货到付款"服务。"网上支付太麻烦，我这老太太还是使用现金付钱更方便"，这是王大妈评论"网上支付"的原话。

可这些大型商城上自营类及自己配送的商品毕竟有限，若想买个第三方经营的，需要预先支付的东西，王大妈也只能忘"货"兴叹，没辙了，还得出门去买。就这样，因为支付不便，商城的第三方经营商户白白损失了一大批潜在客户。

可当手机成为新一代的"支付利器"时，一切都变得不一样了。就在最近，王大妈的儿子给她买了一部新的智能手机，并在支付宝客户端上，为她设置好了"亲密支付"，这样，当王大妈再想在网上买东西时，她的儿子便能直接为她付款，而阿里巴巴，也因为便捷的支付方式，为广大淘宝商家争取到了像王大妈这样多金又有闲的客户。

不仅如此，王大妈也因为手机支付的便捷方式，扩大了自己的购物范围。从前，她买东西时，除了想到去超市，购物步行街，还有大型网上商城外，几乎不会再去其他地方。而现在，当王大妈拥有了可以支付的智能手机后，她还会时不时进入一些可以接受支付宝"当面付"的店家购物。

"支付改变生活""支付抓住客户"。这并不只是两句空喊的口号。事实上，在O2O的时代里，谁能带给客户最便捷的支付方式，谁就能赢得更多的客户，占领更多的O2O资源。对于商家来说，拥有便捷的支付方式，也就意味着客户在反悔之前，能够更加快速地购买商品。这也是为什么进入移动支付时代后，"月光"甚至"日光"的人逐渐增多，而在"购物节"到来时，甚至会有人向男人们提出"建议"：请没收太太们的手机！

我们不得不承认，当手机成为第二个钱包时，花钱如流水的时代已经来临。

从消费环节来说，支付方式决定了谁能更加快捷地从客户手中收钱，可从支付方式的缔造者角度而言，这更像是一场对现金流的争夺战。不知是否有人了解，支付客户端，从另一个层面上来讲，不但可以收钱，同样也可以为其缔造者挣钱。

与一些只能存在于线上的移动互联网业务不同，移动支付可谓百分之百的O2O应用，它是资金流在线上与线下的交汇点，自身便拥有多种盈利模式。或许，大部分普通消费者并不清楚，即便是以往的线下收款方式，收款方也可以通过刷卡交易，从中收取一定手续费来盈利，而到了移动支付时代，线上收单业务因为资金流的快速汇集，拥有了可以和"银联老大"谈判的资本，余额宝的诞生便是基于此点。

习惯网购的人们不会忘记，余额宝曾是一个多么富有争议的产品。支持它的人说，它从众多货币基金中脱颖而出，拯救了大部分网上消费者的沉睡资金；而反对它的人则认为，余额宝是寄居在银行身上的吸血鬼，它利用自身庞大的资金流要挟银行，并从那些传统存款中吸取利润。

但无论人们对余额宝的看法多么极端，都不能否认，离开了余额宝这样的货币基金，银行本身并不具备大量、轻松吸取存款的能力，这一点从银行内部每年年末的"突击揽储"任务便可见一斑。事实上，对于银行而言，余额宝的负面作用并不在于它夺走了过多的存款，而在于它在与银行合作的同时，因为太过强势的宣传，拉走了原本属于银行的一部分客户。而这个举动才是令银行业开始警惕的根源。许多业内人士甚至认为，移动支付的出现，会逐渐改变人们的存款习惯，从而令整个银行业在未来不得不依赖第三方支付才能揽到存款。

但无论如何，即便移动支付能够在未来完全替代我们的钱包，国有银行也不必过于担心，因为在制度和法律的制约下，第三方支付永远也不可能越过它们，私自成立民间银行。这也是马云拼尽全力也要拿到一块民营银行牌照的原因。

如何从移动支付市场掘金

移动支付时代已经到来，面对庞大的市场，越来越多的行业巨头开始迅速涌向这个市场，面对巨头的混战、行业标准的不统一，创业者应该如何从移动支付市场中掘金？

说起移动支付手段我们能想起哪些呢？国外的有Square刷卡模式、PayPal推出的PayPalHere、谷歌推出的GoogleWallet（基于NFC技术）、Zipmark扫描支付等。国内方面既有支付宝、PayPal、银联在线、快钱这样的大公司，也包括钱方支付、盒子支付、网银在线、汇付天下、易宝支付等这类高速发展中的创业企业。

由于移动支付具备便携性强，灵活度高，可以依托日常生活携带的智能手机，可穿戴装备作为载体等特点，相对于9万亿的银行卡支付市场而言，移动支付市场的"大蛋糕"潜力巨大。

而目前各移动支付公司主要在以下3个方向发力。

1.二维码支付。从2015年开始，移动支付领域的市场争夺战已经从线上延烧到线下，已在线上移动支付市场合计占据近90%份额的支付宝与微信支付，通过补贴的形式大规模铺设线下支付受理终端，在线下攻城略地展开"扫码支付"的布局。这方面主要以支付宝和财付通为代表，两者结合社交、电商构建支付场景，O2O的闭环更为流畅，巨额补贴形成用户沉淀。值得注意的是，商品的价值标识码体系建立是移动支付的基础，所以二维码技术公司作为移动支付的设备基础，也值得挖掘。

2.NFC支付。NFC是眼下最热门的移动支付技术。谷歌、三星、

HTC、诺基亚、微软、苹果等巨头均已布局，先后推出了或即将推出支持NFC的手机或解决方案。在国内，银联目前已拥有超过2 000万台受理终端硬件，而在闪付、云支付的基础上，又获得了APPlePay与SamsungPay的支持，试图重新收复旧山河。其中，人们关注的重点主要在于APPlePay。APPlePay具有以下三个方面的独特优势:高度的安全性和便捷性、巨大的品牌效应、强大的产业整合能力，有可能引领NFC支付取得突破。

3.移动支付安全：二维码支付也好，NFC支付也好，安全性是决定移动支付能否被广大消费者接受的最重要因素，移动支付安全保障技术才是移动支付最核心要素，这一部分大有可为。

在我们可以想见的未来，移动支付很可能会进化为平台型，这是什么意思呢？就是说未来可能会出现多卡归集的手机钱包，简化交易流程并实现多种便民功能。这是创业者应该考虑的一个战略要点。此外，还有一个更接地气的市场值得关注，那就是零售餐饮、街边店、夫妻店、校园、农民工等，只要能切入一个细分市场，并把这一块做深，那么还有赚钱的机会。

移动支付创业的趋势

移动互联网时代，移动支付手段的不断更新已经悄无声息地改变了我们的生活方式，比如，五年前我们就无法想象有一天自己可以不带钱包出门。而2016年作为移动支付元年，已经给移动支付带来了巨大的变化，相信未来的"电子钱包"也能给我们带来更多的惊喜和想象。而对于创业者来说，如果能把握移动支付的发展趋势，现在仍有机会分享移动支付的巨大红利。

1.店内移动支付。一项媒体电信趋势报告指出，店内移动支付虽然在2016年出现了巨大增长，但是这还仅仅是一个开始，在未来几年还会有数十倍的发展。对于中小创业者来说，店内移动支付方面仍有无限的想象空间。

2.移动支付+社交媒体。这是一个"互联网+"的时代，也是一个"社交+"的时代，社交移动服务对社交媒体的影响是显而易见的。社交支付可以以通讯录熟人为核心，以手机号码为账号，将移动社交和个人之间支付转账结合起来，从社交角度切入支付。简单来说，就是使用移动支付方式，将用户和好友关联起来，实现用户与用户之间的社交关系。这是一个非常有前景的市场，也是创业者可以期待的一块大蛋糕。

3.移动货币与用户安全。前文说过，移动支付中，用户通常会将安全性列为首要考虑因素：有些人担心泄露个人隐私，有些人担心移动支付系统不够安全，还有部分人不信任商家。用户安全意识的提升，也给创业者提供了移动支付安全防护方面的创业机会。

4.身份验证和便捷性。尽管越来越多的用户意识到了移动支付的方便性，人们在购物时对时效和即时到账的重视程度也在不断提高。移动支付创业者也应该注重尽量使支付过程简单无缝的重要性。就现在来看，也许指纹支付是一个好办法，但在未来的移动支付时代，移动支付还会有更安全、更便捷的创新发展。

支付宝：支付的核心是信任

自从安装了手机支付宝后，大学生小易带钱包上街的日子就越来越少。无论是充话费，交房租，还是去超市购物，甚至在街头的零食店买东西，移动支付宝都能"一键搞定"。不仅如此，自从小易教会老爸使用支付宝软件后，就连每个月的生活费，也是直接用支付宝接收。小易隐约记得，自从使用支付宝后，除了必须使用现金的情况外，他再也没有踏足学校门口的银行，再也不必为在柜员机前排队过久而烦恼了。

图29 支付宝口碑首页，支持日常生活支付

但小易并不知道，支付宝从诞生的那一日，发展成今天这样，在O2O领域看似"无所不能"的状态，实在走过了太多的艰辛之路。在最初的时候，支付宝并不能算一个O2O支付应用，它不过只是阿里巴巴为了做第三方交易担保而诞生的一个第三方资金支付中介平台。

"信任"是支付宝一开始便祭出的"王牌旗帜"，可以说，支付宝公司从2004年建立开始，直到10年后的2014年，即便途中历经巨变，都从未放弃过"支付安全"这个产品核心。或许，当初为支付宝制定这个"核心理念"的团队并不会想到，多年以后，支付宝正是凭借这一点，坐稳了O2O时代支付产品的"霸主"宝座。

2008年，支付宝自建成已走过四个年头，在那段时间里，因为完全没有能够与之匹敌的第三方支付软件出现，支付宝的用户迅速覆盖了整个互联网经济圈。无论是C2C，或B2C，甚至B2B的用户，都因为对支付宝的安全性极度信任，从而成为它的坚定"粉丝"。

当支付宝出现以前，在义乌做饰品批发的陈洁从未想到，收款还有如此简单的方式。在没有支付宝的时代，她每天的现金收款达到了3万元以上，这其中还不包括大客户赊账的金额。每天下午，批发档口的营业结束后，陈洁都不得不惴惴不安地把大笔现金塞进两个包里，并和妹妹一起，以最快的速度冲向银行，以便在存款大军到来之前，将钱存进银行。那时，陈洁最害怕的并不是现金被抢，而是当时间过去了四十分钟后，她依然不得不看着前方无止境的存款长队，却怎么也不能将钱放进银行。

对于陈洁这样的小型批发商而言，没有专业的会计和出纳，现金业务无论大小都必须亲力亲为，这占用了她很大一部分时间。可当支付宝出现后，一切都变了。如今，当客户来到她的批发档口前，陈洁可以很熟练地告诉对方，她这里不但接受支付宝收款，还可以使用软件里"当面付"的应用。

不但如此，陈洁还和妹妹一起，将自己的批发店搬上了阿里巴巴的网上批发城。这样一来，她的支付宝内资金流量就更大了。余额宝出现后，陈洁更是将大部分流动资金都放进了余额宝内。按照她自己的话说，每一天，即使什么都不做，也能从余额宝里赚到孩子好几天的奶粉钱。

到了2014年，当陈洁从网上得知O2O的营销概念后，她又开始打起了新主意。以前，陈洁不得不揣测客户的喜好，根据从前的销货量跟厂家进货，可如今，她可以在网上放出几个热销的订单，却并不急于向厂家订货，而是在客人将定金付到支付宝中后，根据订单数量，再与厂家谈价。而客人也能因为不用付全款，而用资金流在等待收货的时间去做一些其他的事。就这样，尽管陈洁并不懂得O2O的具体内容，可她却能利用支付宝的O2O支付属性，为自己完成一次又一次的O2O交易。

而这一切，完全源于支付宝对客户有关"安全""信任"的承诺。除去第三方担保平台，支付宝软件本身也拥有记录交易金额的功能，而实名制及一再确认的功能，更是让人能够大胆放心的用它进行转账。

对于O2O商业模式来说，使用完全安全的网上付款方式，比任何营销环节都重要得多。因为在电子货币时代，有纰漏的支付方式，更容易被拥有高科技手段的窃贼利用，从而更易造成财产损失。从这点来看，支付宝从最开始便以"安全"作为产品核心，为它的长远发展打下了坚实基础。

但拥有正确的"核心理念"，却并不代表能在未来O2O支付领域中抢占"高地"，能够突破其他支付软件的围攻，拉拢到更多客户，并让他们在需要支付时首先想到支付宝，才是"支付宝"当下最需要完成的任务。

所幸，在历经了一系列改革后，支付宝终于不负众望，在2013年的"双十一"购物节上，向人们展现了它非凡的抗压能力。

购物节那天，支付宝在24小时内的总交易数量达到了1.88亿，而在线支付也达到了4 500万笔之多。令人惊讶的是，这一次，大部分在支付时，并没有像往年一样感受到明显的网速变慢，就算是在抢购支付时，其速度也大抵和往常一样。因此，许多人对这次"购物节"的评价，只用了一个"爽"字，便能完全表达出自己的心情。

没错，希望用户的支付体验更加爽快，是支付宝除了"信任""安全"后,再次推出的重磅理念。无论是在网络时代,抑或是到了O2O时代,生活得更"爽"成为许多年轻人的生活信念。尽管,这种信念时常被社会精英们所诟病,因为它有着享乐主义的外衣,但对于希望拉拢更多客户的商人而言,人们拥有这种信念却并不是一件坏事。起码,人们玩儿得"爽"吃得"爽"买得"爽",这对拉动消费有着正面且积极的作用。

随着O2O移动时代的来临,为了让客户的支付过程更加爽快,支付宝在支付速度和方式上做了系统研究。为了顺利拿到民营银行的牌照,马云甚至将支付宝从阿里巴巴总部剥离出去,成为一个独立存在的公司,并为支付宝的未来描绘了一幅美好蓝图。

现在,我们可以用支付宝来给信用卡还款,也可以用它来缴纳水电煤等费用,有的城市居民甚至还可以用它来挂号。目前,支付宝已不仅仅是服务于电商的支付软件,它正在成为一个能够完全替代钱包和银行卡的新一代货币管理器。

除此之外,支付宝正在凭借自己的努力,与O2O时代紧密结合。现在,当我们打开支付宝时,会发现已有无数企业正和它展开合作,支付宝已成为众多企业的线上收款平台。如麦当劳旗下的麦咖啡,就专门为支付宝的用户推出了专享套餐。而一些餐饮企业为了拉拢支付宝的用户,也推出了使用支付宝付款,可以享受特别优惠的活动。不仅如此,带着支付宝去旅行,也成为当下一种流行的出行模式。比如说,当我们用支付宝购买机票后,便可以直接拿着绑有支付宝软件的手机登机,省去了换票的过程。

尽管支付宝希望自己能在未来的支付领域占据霸主地位,并为此不遗余力的努力,但它依然无法一直占据电子支付的第一把交椅。因为,无论是传统互联网,抑或是移动互联网,其中最不缺的就是"后起之秀"。即便是第三方支付界的"元老",但在面对腾讯、百度等企业开发的新支付工具围攻时,支付宝依然显得有些吃力。

尽管支付宝团队认为，微信开发的支付应用并不完全具备"安全"这一网络支付的必要条件，但站在它背后的庞大用户基数，却能够支撑微信成为一个巨大的支付入口。这一点，在双方打车软件"滴滴"与"快的"的战争中，就已充分体现。

第二十四章　互联网微金融创业模式

↗ 互联网金融的落地

有一种说法是,白手起家的创业新人最容易进入的行业就是互联网金融。这种观点有着深刻的背景:金融行业服务中小企业、消费者的市场发展起来了,这是一种需求导向;电子商务的大发展让互联网平台来做金融服务有了基础;而最近的一批互联网金融行业的领军人物、研究机构,政府机构也都更关注这个事情,政策开始逐渐开放。

为什么我们说中国金融市场潜力巨大呢?在这里我们可以跟大家分享一组数据:现在通过互联网搜索消费、信贷、小微信贷产品的人还不到10%,大城市不到20%,中小城市所占比例更低;而在美国,因为有着比较成熟的金融市场,大约有7 000万人通过搜索来获取小微信贷信息。仅从这组数据来看,中国的金融市场潜力还远远没有开发出来。

目前来看,互联网金融可以分为5类模式:1.互联网支付,是基础的互联网金融；2. 以拍拍贷为代表的P2P模式；3. 众筹模式，如天使汇；4. 京东和支付宝等公司所做的供应链金融，这是最主要的模式；5. 发行网络货币，如比特币。

其实，普通人群对互联网金融已经有了一定的了解：第三方支付、无抵押贷款、众筹融资、网络化金融机构……这些不再只是时髦的金融词汇；P2P、大数据、风控决策等不同项目覆盖了互联网金融的众多领域。我们可以不带钱包出门购物，可以在众筹网站上买到一些概念型产品，可以在一定优惠的基础上网络约车，我们可以用在线外卖解决一日三餐……近两年相关业务和模式如同雨后春笋般生长，已经让我们真切地感受到互联网金融时代已经到来。

但是，创业者也必须认识到，互联网金融目前还算不上是成熟的行业，尽管已经有了很多成功的创业公司，但是更多的商业模式和规则都有待被验证，甚至还存在一定的政策风险，比如监管的冲击就是这个行业出现至今所遭受最严重的一次巨浪，而巨头的掠夺则是所有创新行业都会面对的威胁。但是这片广阔的市场虽然给创业者带来了愈来愈艰险的挑战，同时也带来了体量巨大的财富市场。

互联网金融的创业方向

移动互联网的快速发展，让移动金融成为年轻人互联网金融创业的首选领域，政策、技术、市场三大红利当前，我们应该如何抓住互联网金融的创业机遇，或者对于创业者来说有哪些创业方向呢？

1.互联网征信，典型代表是芝麻信用、腾讯征信。目前互联网征信的市场规模还不算特别大，估计在2亿规模左右，但是随着互联网的发展，这个数字会快速增加，在10~15年内预计可达到千亿级别，相信未来在这一领域会出现一大批创新公司。

2. 互联网券商+社会化交易，典型代表是新浪财经和Formax金融圈等。互联网券商核心是什么呢？没错，就是账户管理。投资者一旦开设了互联网证券账户，在支付、交易、配资、投资品种选择、资金托管结算等方面具有更大的灵活性，这对于投资者而言无疑具有莫大的吸引力，而对互联网金融创业公司来说，这也是切入垄断行业分一杯羹的机会。

3. 在线货币兑换，典型代表是TransferWise、Kantox。这两个都是国外的公司，其创业领域是外汇，而在线货币兑换在中国还是一片空白。我们知道与外汇相关有两件事情：一个是换钱，一个是汇款。在过去和现在，外汇业务都是以银行为主体，汇率与手续费由银行决定。而现在电子货币兑换平台就能够大幅降低换汇者的出行时间和费率成本，业内专家预计，五年之内P2P在线外汇转账将成为主流。

4. 金融交易平台类，典型代表有会理财、铜板街。这类交易平台通过PC端或移动端帮助用户解决理财交易过程中的全流程，通过多类型的金融产品帮用户完成解决理财需求，用最人性化的体验流程让用户把理财变为一件简单的事情。这两类都是在做传统金融的补充，也是用互联网作为渠道为传统金融机构进行业务开拓。

5. P2P网贷，典型代表人人贷、拍拍贷。不得不说，经过一段"野蛮生长"之后。作为民间借贷的升级版，这个行业进入了一个尴尬的发展时期：因为准入门槛较低，目前全国已有上千家同类型公司，虽然跑路消息不断，但还是阻挡不了创业者进入的激情。而另一方面，P2P的行业分化期正在到来，尤其是在监管加码与资金"寒冬"的大环境下，专注垂直细分的领域，成为日益增多的平台发展的趋势。对于创业者来说，P2P目前还可进入但一定要有创新的思路，不然很可能会陷入困局。

中国实行的是严格的金融管制，创业者在进入互联网金融领域前，一定要对政策风险做好评估，盲目乐观的行动只会招致失败的厄运。

当前互联网金融创业的7个切入点

前文说了创业防线，下面就我国互联网金融现状，分析一下目前创业者可以一试身手的切入点。

1.移动互联网金融服务机构。这类公司可以为金融机构、商户和消费才提供借记卡、信用卡、智能卡等硬件、软件、服务。比如，现在不少金融企业都有微信平台和服务号，这其中需要很多软件技术对接，一些创业公司已经在这一块尝到了甜头。

2.瞄准金融行业的游商机会。这一领域可以做的也很多：帮助实体商店来推出适合于商家来进行移动支付的服务，可以管理商品品类更多的产品，也可以通过移动支付，来推动更多移动金融的创新。这是一项双赢的工作，对于保险等游商来说，有了移动金融的终端，也可以提升客户服务率。

3.做移动互联网金融上的小门户网站。大智慧、同花顺、腾讯自选股等都在琢磨如何将5 000多万的炒股用户在移动端上一网打尽。现在，这三家平台的日活跃用户量在几十万至几百万左右，还有更多的成长空间。铜板街、挖财、玖富的Wecash等，都在基于APP、微信服务号，通过切入基金、记账、移动授信取现等方式来笼络住一批小型的用户。

4.移动安全的机会大。腾讯、360、百度这三家大公司已经将安全当作战略级的产品来做，三家打得非常凶。而移动支付上的安全，现在也是起步，很多技术都需要去完善，这一块就期待那些技术大牛整出来。

5.移动互联网金融的营销。这是一种生态链共生的思维，我们不做互联网金融还可以做互联网思维的营销。未来互联网金融所面对的投资人，不仅有专业的投资人，还有更多的普通人，这么一来，互联网金融的营销就成了重要的产业。

可以说在未来，我们应该重点关注创新金融，P2P、众筹等，而且随着各种法律法规和办法的出台，在政府有关机构的严格监管下，互联网金融行业竞争会趋向于健康、规范的方向发展，互联网金融平台将彻底结束野蛮生长的时期。

掘金微金融：互联网时代的弄潮儿

在互联网时代，一批互联网金融项目不断涌现，

1.P2P网贷

所谓P2P是指个人通过第三方平台在收取一定费用的前提下向其他个人提供小额借贷的金融模式。其运营方式是，首先和国内权威征信中心进行合作，如公安部身份证信息查询中心等，对借款人的信息进行核实。核实无误后，再通过借款人的社交圈对其进行信用测评，对借款人给出一个合理的信用评级和安全的信用额度，接下来借款人通过网络平台发布借款需求，最后通过线上支付完成借贷和还款。

张俊是国内首家P2P网贷平台拍拍贷的创始人兼CEO，他相信技术至上，通过互联网方式，可以大大提升风险控制效率，未来通过数据可以支撑服务的客户一定可以远远大于现在的传统模式。所以，在拍拍贷150人的团队规模里，有超过三分之一的技术人员。在拍拍贷平台上成功达成的交易里，平均每人的借贷金额仅在1万元左右。这种借贷需求，对银行来说是完全无法满足的，因为传统借贷机构要经过信用审核、抵押办理等琐碎漫长的手续，其中要付出的人力和成本相对于1万元的借贷款来说太过昂贵，

P2P平台就对这块市场做了补充。

虽然机会与风险并存,张俊坚信钱是聪明的,一定会去该去的地方。

2.贷款搜索

北京的李明顺创办过四个公司,是一个资深的互联网人,最终他选择了互联网金融创业。

在李明顺看来,目前互联网公司的金融产品其实还无法真正形成对传统金融的挑战,互联网金融也不必想着一下子颠覆传统金融机构,小而美的互联网企业有自己的优势,依赖更强的灵活力和创新能力,在金融市场上所占的份额必将越来越大。

李明顺创办的好贷网是一家贷款行业搜索服务平台,说得更简单一点就是利用互联网信息平台帮助客户和银行互相更便捷地找到对方。在这一领域,市场有巨大的需求,很多小微在创业中都有贷款需求,但要准确快速地找到贷款产品却是一件很困难的事情。特别是传统借贷机构通常效率很低,在李明顺看来"信息不对称"是传统金融机构面临的最大的问题。而互联网的技术,则可以让这种效率得到优化。

现在全国有各类银行约1 200多家,小贷公司7 000多家,担保公司超过20 000家,这个数字是非常惊人的,而且各家公司的特色和面向的客户群体又有很大不同,李明顺创办的好贷网就是为了让传统金融机构和客户可以真正地实现对等双向选择。这是互联网金融的一个新思路,但是李明顺相信,只要产品和服务够好,商业模式是水到渠成。